命理生活新智慧・叢書39

# 紫微斗數全書詳析

## 《下冊》

http://www.venusco.com.tw
E-mail: venus@pchome.com.tw


法雲居士⊙著

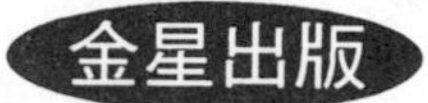

國家圖書館出版品預行編目資料

紫微斗數全書詳析《下冊》／法雲居士著，--第1版.--臺北市：金星出版：紅螞蟻總經銷，2000[民89]　　面；　　公分--（命理生活新智慧叢書；37-39）

ISBN 957-8270-25-9（上冊；平裝）
ISBN 957-8270-26-7（中冊；平裝）
ISBN 957-8270-28-3（下冊；平裝）

1.命書

293.1　　　　89016195

# 紫微斗數全書詳析《下冊》

作　　者：法雲居士
發 行 人：袁光明
社　　長：袁靜石
編　　輯：王璟琪
總 經 理：袁玉成
出版部主任：劉鴻溥
出 版 者：金星出版社
社
電
地址：台北市南京東路3段201號3樓
電話：886-2--25630620●886-2-2362-6655
FAX：886-2365-2425
已變更
電
郵政
總 經 銷：紅螞蟻圖書有限公司
地　　址：台北市內湖區舊宗路二段121巷28・32號4樓
電　　話：(02)27953656(代表號)
網　　址：www.venusco.com.tw
E-mail　：venus@pchome.com.tw

版　　次：2001年2月第1版　　2003年12月　再版修定
登 記 證：行政院新聞局局版北市業字第653號
法律顧問：郭啟疆律師
定　　價：300元

行政院新聞局局版北字業字第653號
(本書遇有缺頁、破損倒裝請寄回更換)

ISBN：957-8270-28-3 (平裝)



（因掛號郵資漲價，凡郵購五冊以上，九折優惠。本社負擔掛號寄書郵資。單冊及二、三、四冊郵購，恕無折扣，敬請諒察！）

# 序

紫微斗數的原始文字，原繫於幾篇賦論之中，經歷代後人加之重補，增補的文章，以及歌訣、注解，今人將之彙集成書，稱之為『紫微斗數全書』。託之為宋代陳希夷先生所著。我們從這些文章中可見到提及的『白玉蟾先生曰』，白玉蟾先生與陳希夷先生生存時間先後差距兩百年，晚了陳希夷先生這麼多。陳希夷先生是五代末期，北宋前期時代的人，原名陳摶，為宋太宗賜號『希夷先生』。卒於宋太宗端拱元年。（西元九八九年）留下『指玄篇』、『三峰寓言』等著作。比另一命理大師邵雍『康節先生』還早。但是並未見有特別標明有關『紫微斗數』之論著。

白玉蟾先生原名葛長庚，生於宋光宗時代，大約在西元一一九四年。同時代的名人朱熹已垂垂老矣，有六、七十歲的高齡了。

由這樣一個時代背景看來，可知『紫微斗數』這一門命學的發展是經過長時期的演變、過程的。有關『紫微斗數』的論著，也多半是後人填加，再假託前人知名的命理學者，與以附會之說。

但無論如何，『紫微斗數』發展至今，已十分完備。而且『紫微斗數』非常合於現代科技的發展，適用於電腦的快速運算過程。這種能跟得上時代腳步，又能超越時空限制的命理學，勢必在未來高科技前衛的時空宇宙中，做領航導引的工作。

現今學習『紫微斗數』的人士非常多，會排命盤，又能解讀，但是對紫微斗數的原文風貌並不一定完全通達。況且在這些歌訣評註中也有許多誤謬之處，因此我特將這些文字再重新堪訂解析，把原文和目前我們所運用的斗數知識做一個溝通聯繫，以期對新加入『紫微斗數』世界的人，和對『紫微斗數』一知半解的、並不完全明瞭的人有一點幫助。

此書是根據武陵出版社所出版的『紫微斗數全書』的彙文來做的詳析，也訂正了其中的錯字和有執疑的地方。希望讀者會喜歡。

法雲居士　謹記

命理生活叢書39

# 紫微斗數全書詳析《下冊》

# 紫微斗數全書詳析《下》

## 1. 諸星在第二宮——兄弟宮

【原文】

二兄弟

紫微有倚靠年長之兄。天府同，三人。天相同，三、四人。破軍同，亦有三人，或各胞生。加羊、陀、火、鈴、空、劫，剋害，有則欠和。

天機廟旺有二人，與巨門同，二人。陷地相背不一心。天梁同，二人。太陰同，二、三人。見羊、陀、火、鈴雖有而剋害。

太陽廟旺三人。與巨門同，無殺加有三人。太陰同，五人。陷地不和欠力，加羊、陀、火、鈴、空、劫更剋滅半。

武曲廟旺有二人，不合，陷宮加殺只一人。天相同，二人。破軍、七殺同，有一人，不和睦。加昌、曲、左、右有三人。見羊、陀、火、鈴、空、劫，孤單。

天同入廟四、五人，天梁同，二、三人。巨門同，無殺三人。太陰同，四、五人，陷地只二人。見羊、陀、火、鈴、空、劫、忌少，宜分居，不和。

廉貞入廟二人。貪狼同招怨。天相同，二人。七殺同，一人。天府同，加左、右、昌、曲有三人。見羊、陀、火、鈴、空、劫，有剋且不和。

# 紫微星

## 【原文解釋】

當紫微星在兄弟宮時，一定會有比自己年紀大，可倚靠、扶持自己的哥哥。紫微、天府同宮在兄弟宮，有兄弟三人。紫微、天相同宮在兄弟宮，有兄弟三、四人。紫微、破軍同宮在兄弟宮，兄弟亦有三人。兄弟宮中不論上述各種狀況，只要有擎羊、陀羅、火星、鈴星、天空、地劫同宮在兄弟宮的，兄弟間就會有彼此相剋害，不和睦的情形。

## 【解析】

※當兄弟宮有紫微星，不論與何星同宮，皆有下列現象：兄弟是長相體面、態度沈著、穩重、老成持重的人。而且喜歡掌權、說話做事有份量，成就比自己好，財力也高過自己。兄弟會是社會地位較高的人，很可能會從事公職、或做企業、公司、商號的老闆、負責人。表面看起來，自己有受人尊敬的兄弟，也可弟以兄貴。而且你的兄弟是具有勢利眼意味的人。

※有紫微單星在兄弟宮時，你是『空宮坐命有同巨相照』的人。在這個命格中有一種是昌曲坐命未宮，有同巨相照的命格，這是『明珠出海』格的命格。這是貴格。會有做高官、地位非常高、有權勢的兄弟來幫忙，使其人也能登上高官之位，一起在政府中做高官。

但是除此之外，命宮空宮中進入其他任何星，再有同巨相照的命格都是無用之人，沒有上進心和大發展，一生懦弱怕事，沒有工作能力，以靠家人供給物質生活的人。

兄弟宮為紫微單星在午宮獨坐的人，兄長的地位高、權勢大、財力雄厚，長相端莊、威嚴。也會在家中具有『長兄如父』、『長姐如母』的地位，主導一切家中事物。此人和兄長的關係很親密、依賴，並且得到呵護，疼愛。

兄弟宮為紫微單星在子宮獨坐的人，情況也如上述。但是兄長的社會地位和權勢、財力、威嚴廣不如在午宮者高。兄長照顧其人的程度也只是較一般家庭稍好。其人和兄弟的感情只是一般還不錯的樣子。

※當兄弟宮有紫微、祿存同宮時，其兄弟只有一人，兄弟是個很保守、固執、有些孤獨、講求威權，有些財富，但很小氣吝嗇的人，兄弟對其人很好，多半是精神上的鼓勵，在財祿上也會資助，數值較小而且嚴苛。

※當兄弟宮有紫微、文昌、或紫微文曲時，在午宮，有兄弟一、二人，兄弟是長相威嚴、氣派，但氣質不佳、粗壯，帶點草莽性格的人。（因為文昌、文曲在午宮落陷的關係。）你和兄弟之間的關係是表面上看起來很好，助力並不算大的情形。兄弟

宮在子宮，有昌、曲同宮時，你的兄弟姐妹就是長相威嚴俊美、體面、忠厚老實、正派、兄弟得力、相親相愛的關係了。在子宮有文昌，兄弟是做與文質工作有關的工作，很精明、幹練、計算能力好，稍為帶點小氣色彩的人。但對你還算肯付出。有文曲和紫微在子宮為兄弟宮的人，兄弟的長相俊美，口才好、才藝多、人緣好、愛表現，常讓你予與榮焉。你們的感情非常好。當有羊、陀、火、鈴和文昌、或文曲、紫微同宮時，兄弟之間的感情有磨擦。有羊、陀時最為嚴重，很不和，而且彼此有心結、衝突的狀況，也會不來往。有擎羊時，兄弟很陰險。有陀羅時，兄弟較笨，有火、鈴時，只是兄弟脾氣不好，但仍會在事物上配合，在外人眼中，仍是好兄弟，有天空、地劫同宮時，兄弟少，只有一人，彼此較不關心。而且兄弟的財力較弱，無法幫助你。

※當兄弟宮有紫微、左輔或紫微、右弼同宮時，你的兄弟緣份好，有兄弟二、三人。從小你便和兄弟共同協力去做某些事情，長大後你依然會和兄弟合作，共同闖事業。你們是焦不離孟、稱不離陀的人，兄弟的感情親密，團結的力量龐大深遠。兄弟會忠心的照顧你一輩子，無怨、無悔。

※當兄弟宮有紫微、天府時，你是太陰坐命卯、酉宮的人。你的兄弟姐妹很多，至少在三人以上。你的兄弟姐妹都是財力雄厚、地位高，具有某種權勢的人，他們都對你情深意重，而且常常用財力資助你。也會在做人處事上提供你最好的建議。你的財庫在兄弟姐妹中，他們是你一生的支柱，也是你一生中最信賴的人。

◎兄弟宮有紫府、陀羅時，不妨礙。兄弟姐妹仍是和睦相處，但其中有一、二人會頭腦不好，有些笨拙，長相差一點，意見多或是悶悶的，與你稍有距離。但仍有和你親密度極高的兄弟姐妹。

◎兄弟宮有紫府、火星時，不妨礙。兄弟姐妹仍和睦，但其中有性情急躁火爆的人。

◎兄弟宮有紫府、劫空時，兄弟數量減少，只有一、二人，而且他們和你的關係似有若無。他們很富有，地位高，但不一定會照顧你。也會與你的來往少，空有兄弟之名。

◎兄弟宮有紫府、祿存時，你的兄弟是非常富有、地位高的人，但是很小氣吝嗇。他與你的感情很親密，只會在重要關鍵的時刻才會伸出援手來幫助你，而且是有條件的幫助，非常勢利眼。

◎兄弟宮有紫府、文昌或紫府、文曲時，在寅宮，你的兄弟姐妹是長相還不錯，氣派、俊美，但氣質有些粗魯，具有草莽、粗俗性格的人，小有財富，但是小氣，又不夠精明。他們的才藝方面也不佳。言行不夠體面，口才不佳，會說粗言，或不太會表達。但與你的感情親密度還是不錯的。

在申宮，你的兄弟姐妹長相俊美、秀氣，為人精明強幹，才藝好，說話得體，做人處世一流，雖然有些勢利眼，但會隱瞞得很好。他們是只會幫助自己人的人，對你的照顧也無微不至，也會為你策劃將來，是值得你信任的人。

◎兄弟宮有紫府、左輔或右弼時，有左輔的人，幫助你的以兄弟更多更賣力。有右弼時，幫助你的以姐妹最賣力。凡是有紫府、左輔、右弼在兄弟宮的人，在子女宮也必會有另一顆右弼或左輔星。家人（尤其是平輩的家人）對你助益很大，兄弟的職位高、財勢大，會支助你，可共創事業。兄弟宮在中宮的人，可因兄弟間的合作共創大事業。也會因子女的才能和你不一樣，而找到繼承人。

※當兄弟宮是紫微、天相時，你是天梁居陷坐命巳、亥宮的人，你與兄弟們相處和睦，互不侵犯，因此這種和睦只是一般性的和睦而已。因為你自小父母忙碌、無暇對你好好照顧，而且你家中兄弟姐妹眾多，是故你會和兄弟姐妹的親密度較高，和父母較疏遠。再則父母也比較嚴厲，讓你害怕。你的兄弟姐妹都是長相端莊、氣派，教養還不錯的人，並且也是守本份、懂規距、一板一眼的人，會有兄弟姐妹三、四人以上。

◎兄弟宮有紫相、左輔，或紫相、右弼時，你的兄弟姐妹對你的幫助很大，而且都是正面的幫助。在你一生的學習、成長的過程中，兄弟姐妹對於你的經驗教育提供了最直接有力的助益，因此你得自父母的教誨反而不多。父母講的話你不見得會聽，兄弟姐妹說的話，你一定會聽。他們也會在財務上支持你。

◎兄弟宮有紫相、文昌時，在辰宮，你有長相美麗、俊俏、氣質高雅、文質彬彬的兄弟姐妹三、四人以上。他們並且也是聰明能幹，事業有基礎，其中也有向政界發展的人，或是做政府機構負責人，或公司企業負責人，社會地位很高，事業很有成就。在戌宮，，你的兄弟姐妹有一、二人，長相還算體面、美麗，但氣質較粗，聰明度不高，事業成就普通，只是一般常人而已。

◎兄弟宮有紫相、文曲時，在辰宮，你有長相美麗、俊俏，討人喜歡的兄弟姐妹，有

三、四人以上。並且他們的才藝多、聰明幹練，喜歡表現，口才特佳，有往政治圈、演藝圈發展的人，也會在演講、表演的業界嶄露頭角。與你的關係是在口頭上或實質關係上都十分親密。

在戌宮，你的兄弟姐妹有一、二人，長相還不錯，但口才不佳，才藝也不精。聰明能幹也稍為欠缺，可能較沈默，話不多，或說話不好聽，與你的關係普通。

◎兄弟宮有紫相、擎羊時，你有兄弟一、二人。他們是長相還不錯，但內心有些陰險的人，與你的關係是表面上是一家人，但時有爭鬥，情況不樂觀。他們是讓你頭痛的人。

◎兄弟宮有紫相、陀羅時，你有兄弟一、二人。他們是長相氣派、頭臉大、圓圓的，聰明度沒有你高，常悶悶的，有時心懷鬼胎，讓你猜不透，但與你的關係還不太差，親密度只是一般而已。

◎兄弟宮有紫相、火星或鈴星時，你的兄弟有一、二人，他們是外表長相體面，但內心脾氣急躁的人。有鈴星在兄弟宮時，兄弟較聰明、精靈，喜歡搞怪。有火星時，只是急躁，偶爾有言語衝突而已。大致上的關係還不錯。

◎兄弟宮有紫相、地劫或天空時，你的父母宮也會有另一個天空或地劫，表示你的兄弟少，可能因為父母不全，或父母離異，而兄弟少，或分開來養，亦或有一個同父異母，或同母異父之兄弟。兄弟間之關係是表面和平，來往少的情況。

◎兄弟宮有紫微、破軍同宮時，你是空宮坐命，對宮有同梁相照的人。你會有兄弟三人，其中很可能是同父異母之兄弟姐妹，你的兄弟姐妹是長相體面，但個性乖張的人。與你不和睦、愛爭鬥、相互剋害，宜分開來住。同時他們也是耗費你的錢財的人。

◎兄弟宮有紫破、左輔、右弼同宮時，你的兄弟是長相氣派，但性格不良善之人，而且會在不符合道德規範的事物上來幫助你。倘若你是祿存、昌曲、魁鉞坐命的人，你就要小心了，以防有被引導入歧途而遭災。倘若你是陀羅、火、鈴坐命的人，你會覺得兄弟和你志同道合，還蠻有輔助力量的，可以一同為達到目的而不擇手段。

◎兄弟宮有紫破、文昌、文曲四星同宮時，表示其兄弟姐妹眾多，長相俊美，其中有不少是同父異母或同母異父的兄弟姐妹，這些兄弟姐妹之中，很多都是帶有桃花、邪淫，喜歡談戀愛、亂搞男女關係的人。他們長相漂亮大方、爽朗、慷慨，氣質看起來是大家風範，實際上，骨子裡窮得很。他們是巧言令色，攀龍附鳳，大膽的運用自己的美色來騙取物質生活的人。其人和兄弟姐妹的關係是有利用價值時，彼此會和諧來往，沒有利用價值時則反目。

◎兄弟宮有紫破、擎羊時，兄弟感情惡劣，兄弟是陰險多謀，時時覬覦你的財物的人。兄弟間少來往。有紫破、陀羅時，兄弟間無法溝通，兄弟是頭腦頑固不靈，堅持與你作對的人，彼此感情不佳。

◎兄弟宮有紫破、火星或鈴星時，兄弟間時有爭鬥等火爆的場面。再有擎羊同宮時，爭鬥更凶，會有傷及雙方的問題，而且有血光喪命之災。

◎兄弟宮有紫破、天空或地劫時，會有同父異母或同母異父之兄弟，彼此少來往，不和睦。因為同時在疾厄宮會有另一個地劫或天空星，是故，你們家的遺傳因子也不太好，會有家族性遺傳病症，子女不多。

※兄弟宮有紫微、七殺時，你是空宮坐命，有同陰相照的人。表示你的兄弟姐妹只有二人。他們是長相威嚴、強悍的人，與你不親密，待人處事的方法也不相同，彼此有咀嚼，言語傷害、相剋的情形。

◎兄弟宮有紫殺、祿存時，你的兄弟姐妹只是在觀念上和你不同，但必要時仍會幫助你。兄弟只有一人。

◎兄弟宮有紫殺、左輔，或紫殺、右弼時，你的兄弟姐妹有二、三人。他與你的性格、觀念都不同，是個威嚴、性格強悍，做人處世圓融的人，會在重要時刻對你幫助。

◎兄弟宮有紫殺、文昌時，在巳宮，兄弟姐妹二、三人。表示兄弟是個精明強幹的人，在事業上有發展，處處都比你要強。他們會有選擇性的幫助你。在亥宮，兄弟姐妹一、二人。表示兄弟姐妹不算挺和睦，因為他的強悍、威嚴的外表和性格，使你生畏。

◎兄弟宮有紫殺、文曲在巳宮時，表示兄弟姐妹有二、三人，兄弟是外表威嚴，長相好，口才特佳，才藝頗多的人，也精明強幹。在亥宮，兄弟姐妹一、二人，彼此交情普通，兄弟的口才不太好，才藝也少，只是常人。

◎兄弟宮有紫殺、陀羅時，表示兄弟有威嚴、強悍的外表，但頭腦不佳，話少，有自己內心的主意。適合做軍警業，你與他們彼此容易衝突，感情不佳。

◎兄弟宮有紫殺、火星或紫殺、鈴星時，你與兄弟不和，兄弟是性情火暴、急躁凶悍的人，你很怕得罪他。

◎兄弟宮有紫殺、天空、地劫四星同宮時，你沒有兄弟，也不喜和同輩的朋友來往，與人保持距離。因為同輩的人都是常以高姿態來教訓你的人。

※兄弟宮有紫微、貪狼時，兄弟有三人。其中有不結婚或晚婚之兄弟姐妹，你們的感情不佳。兄弟的長相美麗、端莊、體面、冷淡，常是高高在上之人，與你少來往，你是巨門坐命辰、戌宮的人。

◎兄弟宮有紫貪、祿存時，兄弟姐妹只有一人。他是性格與你不一樣，很小氣，但必要時仍能幫助你，必須要動之以情不可。

◎兄弟宮有紫貪、左輔或紫貪、右弼時，兄弟姐妹有三、四人，他們的性格和你不一樣，其中一些人仍會對你幫助。他們是人緣關係好，但生活圈和你不一樣的人。

◎兄弟宮有紫貪、文昌，或紫貪、文曲時，你的兄弟姐妹長相美麗、俊俏，但有做事顛倒、糊塗的情形。在卯宮，情況比較嚴重。在酉宮，狀況好一點。他們會從事文職工作。與你的感情為普通平淡的交往。

◎兄弟宮有紫貪、擎羊時，你的兄弟姐妹只有一、二人，彼此不和睦，常有爭執、暗害、相剋的情形。

◎兄弟宮有紫貪、火星、或鈴星時，你的兄弟只有一、二人，彼此相處不算好，他們是外表美麗，性急之人。但你會因兄弟帶來暴發運。兄弟宮在酉宮的人，暴發運較旺，可多得錢財。兄弟中也會有突發暴起，有成就之人。

◎兄弟宮有紫貪、天空，或紫貪、地劫時，你的田宅宮也同時會有另一個地劫或天空星，表示你的兄弟少，家族遺傳中即子孫少，因此你的子息也會少。你會有兄弟一、二人。彼此交情冷漠，來往少。

## 天機星

### 【原文解釋】

兄弟宮有天機居廟旺入宮時，有兄弟二人或二人以上。天機與巨門同宮在兄弟宮時，有兄弟二人。天機居陷在兄弟宮時，彼此不和睦，感情相背，不能一條心。兄弟宮有天機、天梁同宮時，有兄弟二人，兄弟宮有天機、太陰同宮時，有兄弟二、三人。兄弟宮中有羊陀、火、鈴同宮時，雖有兄弟，但會相互剋害，不和。

【解析】

※兄弟宮有天機居廟旺入宮時，你是紫破坐命的人，你會有極聰明、智商高、精明幹練、聰明鬼靈精的兄弟。有兄弟二人。彼此仍能和諧來往，有手足之情。

◎兄弟宮是天機居廟加左輔或右弼時，你的兄弟們非常聰明，而且會幫助你，在事業上或生活中都是好搭檔。他們會有好點子與你共創事業，你們的情感和諧、親密。

◎兄弟宮是天機居廟加文昌或文曲時，在午宮，你的兄弟很聰明，但氣質不佳，聰明也不用在正途上，對你的幫助也不大。但感情還算和諧。在子宮，你的兄弟是聰明，而且氣質文質彬彬，會做運用頭腦生財的工作。口才也很好，地位、成就也較好。他們對你的幫助也較大。

◎兄弟宮是天機居廟加祿存，兄弟只有一、二人。他們是聰明小氣，但會賺錢的人，在必要時會幫助你財力。

◎兄弟宮是天機居廟加擎羊，兄弟少，只有一、二人，他們是聰明、陰險，且與你有剋害的人，與你不同心。彼此少來往。

◎兄弟宮是天機居廟加火星或鈴星時，兄弟少，只有一、二人。他們是聰明、但性情急躁、火爆，和你的感情時好時壞。

◎兄弟宮是天機居廟加地劫、天空時，兄弟少，只有一人。同時在你的子女宮中也會有另一個天空或地劫，因此你是家族中人丁單薄較少之人。兄弟間也來往較少、不親密。

◎兄弟宮有天機、巨門同宮時，有兄弟二人。你是紫相坐命的人。你的兄弟是聰明，具有高知識水準，也會從事高科技或學術性的工作。但兄弟乖違，不能一條心，彼此無法合作。感情較淡，多口舌是非、爭執。

◎兄弟宮有機巨、祿存時，兄弟有一人。兄弟間是非多，常有爭執，他是聰明、善於機變的人，也會在必要時對你有幫助。

◎兄弟宮有機巨、左輔或右弼時，兄弟有二人，兄弟是聰明好辯、知識水準高或學歷高之人，但會對你有幫助。

◎兄弟宮有機巨、文昌或文曲時，兄弟有二、三人。在卯宮，兄弟的聰明、才智、才藝較普通，好辯，但並不一定辯得過你。在酉宮，兄弟的聰明、才智高，口才好，你是辯不過他的。

◎兄弟宮有機巨、擎羊時，兄弟有一、二人，兄弟是聰明、陰險，多思慮的人。你們兄弟間常有口舌爭執，彼此相剋不和，吵得厲害。

◎兄弟宮有機巨、火星或鈴星時，兄弟有一、二人，兄弟很聰明，但性情火爆急躁，兄弟間不和睦，常有是非爭鬥。

◎兄弟宮有機巨、天空或地劫時，你的田宅宮會有另一個地劫、天空，表示家族的人員很少和薄弱，且多是非爭執。

※兄弟宮是天機居陷時，是在丑、未宮，你是紫府坐命的人，兄弟姐妹有二、三人，而兄弟只有一人。他們是具有小聰明，但成就不高，能力很差，喜歡搞是非，性格乖違，和你不同一條心的人。而且常和你有衝突，只想佔便宜的小人。彼此感情不睦。

◎兄弟宮是天機、文昌、文曲，在丑、未宮同宮時，你的兄弟姐妹是巧言令色之人，喜歡享福，多說少做，外表長相還可以，但心性智慧不算很高的人。但你仍可和他們和平相處。

◎兄弟宮有天機、左輔、右弼在丑、未宮同宮時，你的兄弟姐妹的思想與成就都不高，但其中有一人可和你相互合作，對你有助益，其他與你不和的兄弟姐妹，在必要時，也能來幫助。

◎兄弟宮有天機、擎羊在丑、未宮時，你的兄弟姐妹少，只有一、二人，但彼此相互看不順眼，他們是有小聰明、陰險之人，常讓你耗財遭災，彼此感情惡劣，不來往。

◎兄弟宮有天機、陀羅在丑、未宮時，你的兄弟姐妹喜歡搞私下、暗藏的活動，與你不和睦。他們有小聰明，但常做笨事，也會出賣你。

◎兄弟宮有天機、火星或鈴星在丑、未宮時，你的兄弟姐妹只有一、二人，彼此常有衝突不斷，他們是個性暴躁、不佳的人，與你不和睦。

◎兄弟宮有天機、地劫或天空在丑、未宮時，你的兄弟少，也可能沒有，彼此緣份淡。

※兄弟宮有天機、天梁同宮時，有兄弟二人。兄弟並不一定很聰明，但會在精神上鼓勵你。他們的經濟狀況沒有你好，因此在財力上無法支助你。你是紫殺坐命的人。

◎當兄弟宮有機染、左輔或右弼時，你的兄弟姐妹會是你最好的軍師，會在智謀上支助你，但在錢財上的幫助很少。

◎當兄弟宮有機梁、文昌或機梁、文曲時，在辰宮，你的兄弟姐妹是具有知識、口才好，有說服力的人，會在精神上給你很大的鼓勵。在戌宮，兄弟的知識水準較差，聰明才智也不及你，無法在這方面支援你。只是彼此尚稱和諧而已。

◎兄弟宮是機梁、擎羊時，你的兄弟是陰險又假情假意的人，而且在很多事情上來佔你的便宜。兄弟間關係不佳，他也讓你耗財，遭連累。

◎兄弟宮是機梁、陀羅時，你的兄弟是自作聰明，又常常做錯事，腦子笨都不願承認的人，他與你不和，思想方式也不一樣，但危害你尚不致很嚴重。

◎兄弟宮是機梁、火星或鈴星時，你的兄弟是自以為聰明又心急火爆的人。喜歡投機取巧，也喜歡賭博，與你觀念不一致，感情平淡。

◎兄弟宮是機梁、天空，或機梁、地劫時，你的父母宮必有另一個地劫或天空。你會因父母不全或父母離婚，而兄弟少。以後和兄弟之間的往來也少，緣份淡。

※兄弟宮有天機、太陰同宮時，你是紫貪坐命的人。你的兄弟姐妹有二、三人。兄弟宮在寅宮時，你的兄弟姐妹都是長相美麗、溫柔、有文質氣息的人，他們的經濟狀況在中等左右，你與姐妹的感情較好，也能相互支援財力，但他們都是情緒多變起

伏的人，你得小心應付才會和諧。

兄弟宮在申宮，你的兄弟姐妹有二人，他是情緒善變的人，而且對你冷淡。他的財力沒有你好，對你也沒有什麼實質幫助。相互的感情只是一般而已。

◎兄弟宮有機陰、祿存時，你的兄弟姐妹雖是性情善變之人，但在重要關頭仍會幫助你。只不過他是小氣的人，幫助不多。在寅宮，幫助稍大。在申宮，幫助極小。

◎兄弟宮有機陰、文昌或文曲時，在寅宮，你的兄弟姐妹是長相文弱，但氣質不佳之人。瘦型、精明度不夠好，口才亦不佳，情緒化的很厲害，讓你難以捉摸。在申宮，你的兄弟姐妹，有文質彬彬的外表，精明幹練、口才好，但無財。與女性的關係也不佳。倘若你是女命，則兄弟姐妹的關係就不良了。倘若你是男性，尚有可和諧相處的兄弟。但無法互相幫助。

◎兄弟宮有機陰、左輔或右弼時，表示你的兄弟姐妹是性格溫和聰明的人，會對你有幫助。其中以兄弟宮在寅宮的人，兄弟對其幫助最大。兄弟姐妹的感情也最深厚，仍然以姐妹的幫助最有力。兄弟宮在申宮的人，較次之。

◎兄弟宮有機陰、陀羅時，在寅宮，表示你的兄弟姐妹中表面看起來都很聰明，實際上有一些悶不吭聲的人是比較笨型的人，而且他與你的感情較不親密。其他的人（兄弟）還是很親密的。在申宮，你的兄弟姐妹與你感情較冷淡，凡事也較遲鈍，彼此想法不同，談不上話。

◎兄弟宮有機陰、火星或鈴星時，你的兄弟姐妹性情急躁、善變，常有突發的機智，讓你不能適應。你們的關係時好時壞。

◎兄弟宮有機陰、地劫或天空時，你的僕役宮會出現另一個天空或地劫星。表示你的兄弟姐妹少，你與他們的關係冷淡。同時你與朋友的關係也是冷淡不親密的，在平輩的關係上較孤獨，也很難找到好朋友，可談心事。

# 太陽星

## 【原文解釋】

太陽居廟旺在兄弟宮時，有兄弟三人。太陽與巨門同宮在兄弟宮中，又無殺星同宮的人，有兄弟三人。有殺星同宮者，則減少。兄弟宮中有太陽、太陰同宮的，有兄弟五人。太陽居陷在兄弟宮中，兄弟間欠和睦，而且也不得力，沒有幫助。再加擎羊、陀羅、火星、鈴星、天空、地劫等星的人，是兄弟間相剋不合，而且兄弟數會減少一半。

## 【解析】

※兄弟宮中有太陽居廟時，有兄弟三人。兄弟姐妹感情和睦，相互幫助，而且兄弟（男）對你的幫助最大。比姐妹大。太陽在卯宮居廟，是和居廟的天梁同宮。當兄弟宮是陽梁在卯宮時，你是七殺坐命辰宮的人，你有很好的兄弟運，兄弟會照顧你如父親一般，竭盡心力的對你付出，無怨無悔。你也會感恩回報。兄弟間感情十分親密。因為你的父親可能很早不在了，或是經濟狀況差，所以都是由兄長來照顧你。

◎當兄弟宮在卯宮有陽梁加文昌時，你具有『陽梁昌祿』格，會具有高知識水準，未來也有好的事業。而你所有的這一切，都是來自兄長的照顧和提攜，而你的兄長就是具有寬宏大肚量，並且是具有高度智慧及文質修養的人，也特別對你的教育用心。你一生都有很好的貴人運。

◎兄弟宮有陽梁在卯宮加左輔或右弼時，你具有好的兄弟運，兄弟對你的幫助特別大，無論在任何時刻你們都會攜手合作事業。兄弟的情誼是你人生中最大的收穫。

◎兄弟宮有陽梁、祿存在卯宮時，你是乙年出生的七殺坐命辰宮的人。你的兄弟只有一人。兄弟對你寬宏有助力，他雖有點小氣，但對你還算大方，隨時願意對你伸出援手。

◎兄弟宮有太陽化忌、天梁、擎羊在卯宮時，兄弟姐妹少，不和。但是表面很大方、寬宏，但內心多思慮、計較的人。他會照顧你，但有條件，也會讓你做對等的付出。兄弟間的關係不算太好，你很怕他，因為他會以長者身份剋住你。

◎兄弟宮有陽梁和火星或鈴星在卯宮，你的兄弟是急躁、嗓門大的人，有事就會大聲講你。但是私下仍會關心、照顧你。

◎兄弟宮有陽梁、地劫或天空在卯宮，你的兄弟姐妹少。可能會因為家庭中的變故，兄弟最多一人。也可能無兄弟。但你仍會與平輩或長輩的人和睦相處。雖然你的兄弟或比你大的朋友們對你呵護，你實際上並不見得能享受到他們對你的照顧。

## 兄弟宮爲陽梁在酉宮

※兄弟宮為陽梁在酉宮時，你是七殺坐命戌宮的人。因為太陽居平，天梁居得地之位，是故你的兄弟較少，只有一、二人。他們是脾氣好、溫和、寬宏的人，但對你的照顧並不十分得力。彼此關係普通，互不侵犯。

◎陽梁在酉宮和文昌同宮於兄弟宮時，你的兄弟是氣質佳，精明的人，與你關係平和，也沒有太多的助益。

◎陽梁與文曲在酉宮為兄弟宮時，你的兄弟口才很好，才藝多，但對你是口惠利不惠的人。實質的幫助有但較不多。

◎兄弟宮在酉宮有陽梁、祿存時，你的兄弟會少量的幫助你，但他有點小氣，幫忙不多，尤其是在金錢方面，幫忙的數字小。

◎兄弟宮在酉宮，有陽梁、左輔或右弼時，你的兄弟雖然表面看起來成就並不高，但仍然會幫助你。

◎兄弟宮在酉宮，有陽梁、擎羊時，你的兄弟少，他與你有心結，不太會幫你的忙。反而會要求你較多的付出。兄弟間感情差。

◎兄弟宮在酉宮，有陽梁、火星或鈴星時，你的兄弟不多，他是性急、暴躁的人，對你的幫助不大，但有時候會做。

◎兄弟宮在酉宮，有陽梁、地劫或天空時，你的兄弟少，幫不了你的忙，他可能是個思想超群脫俗的人。與你的關係也較疏遠。

## 兄弟宮爲陽巨同宮

※兄弟宮有太陽、巨門同宮的人，你是天相陷落坐命卯宮或酉宮的人。會有兄弟三人。兄弟宮在寅宮，兄弟是個性開朗的人。兄弟間常吵吵鬧鬧、口舌是非、爭吵多，但有時也會和睦。他們要看情形才會幫你的忙。在申宮，你們兄弟姐妹爭吵得較厲害，是非爭鬥多，相互間的幫助就少了。

◎兄弟宮是陽巨、文昌或文曲在寅宮同宮時，你的兄弟姐妹，與你爭吵的嗓門大，他們較無文質、柔美的氣質，彼此有些相剋。在申宮，你的兄弟姐妹外型較有文化氣質，但是他們會用銳利的口才和頭腦來與你爭辯。彼此關係尚稱和諧，但爭吵仍多。

◎兄弟宮是陽巨、左輔或右弼時，你們的兄弟姐妹雖與你常爭吵、是非多，但仍會幫助你。你們彼此喜歡鬥嘴，以此為樂。

◎兄弟宮是陽巨、祿存時，兄弟姐妹只有一人，並且他是常和你鬥嘴，又會帶財祿給你的人，你們的爭吵並不算太厲害。只是鬥嘴好玩而已。

◎兄弟宮是陽巨、陀羅時，兄弟有一、二人，並且兄弟是喜歡嚕嗦，頭腦不靈光，無法轉個彎來瞭解事情的人。你們兄弟或姐妹之間的爭吵、爭鬥多，全是個性不合引起的。

◎兄弟宮是陽巨、火星或鈴星時，兄弟一、二人。兄弟是脾氣急躁、多是非、容易挑釁引起爭端。但是他只有幾分鐘的攻擊實力，很快的就會被別的事情所吸引，目標就轉了方向。還好你是個有耐力的人，兄弟間的紛爭很快的便雨過天青了，只是你是個慢性子的人，仍在耿耿於懷剛才所發生的事情。

◎兄弟宮是陽巨、地劫或陽巨、天空時，你的僕役宮中也另有一個天空或地劫星。自然你和兄弟之間的爭吵會較少，但卻也是個心靈不相通的人。你比較孤獨，和兄弟、朋友都保持距離，因為你覺得個性不和，少來往為妙。

### 兄弟宮為日月同宮

※兄弟宮是太陽、太陰同宮，有兄弟二、三人。在丑宮，太陰居廟，太陽落陷，你父母所生的子女中有二女一男。你和姐妹的感情較好。在未宮，你父母所生的子女中有二男一女，你和兄弟較和諧。凡兄弟宮是日月同宮，你是貪狼坐命寅、申宮的人。你會有性格善變、情緒起伏不定的兄弟姐妹。兄弟宮在丑宮，你的兄弟姐妹們在財富上較優沃，在事業成就上較普通。兄弟宮在未宮，你兄弟姐妹們是主貴，不主富

的人，財運上沒有你好，比較窮一點。在氣質上會陽剛一點。兄弟宮在丑宮，兄弟氣質比較陰柔。若有太陽化忌在兄弟宮，兄弟減半，你與男性和兄弟不和。與女性姐妹較平和。並且你的兄弟之事業成就只是一般。若有太陰化忌在兄弟宮，兄弟減半，你與姐妹不和，並且你的姐妹之成就也較遜，以兄弟的成就略好。

△兄弟宮是日月加文昌、文曲四星同宮時，在丑宮，你的兄弟姐妹長得非常漂亮，有氣質，性格陰柔較女性化。他們的才藝多，精明能幹，很會賺錢。你與姐妹有相互合作，並會受到姐妹的金錢幫助。在未宮，你的兄弟姐妹的長相、氣質是中等以上，也算是漂亮的了。他們的性情比較陽剛，口才較好，精明度不算強，而且財運沒有你好，其中會有一、二個人事業較強。你與兄弟的感情較親密，與姐妹的感情較平淡。

△兄弟宮是日月加左輔、右弼四星同宮時，在丑宮，是姐妹幫助你的最多。在未宮是兄弟幫助你的最多。你一生都會和兄弟姐妹保持良好的關係，他們也是你人生和事業上最大的支柱。雖然他們的個性、性情和你不一樣，但你仍會和他們相互照顧。

△兄弟宮是日月加擎羊，表示兄弟姐妹是性情陰晴不定，其中陰險不和善的居多，與你個性不合，有爭鬥、暗害、不和睦的情形，使你很頭痛。

△兄弟宮是日月加陀羅，表示兄弟姐妹中多半是陰晴不定，又悶聲不吭，與你不同心，不合作，不和睦的情形只是各行其事、自以為是的狀況，倒不會真的加害於你。

△兄弟宮是日月加火星或鈴星，表示兄弟姐妹少，但情緒更不穩定，常爆發衝突，但

很快的會過去。

△兄弟宮是日月加地劫或天空，會在你的疾厄宮中有另外一個天空或地劫星，表示你家族中就是人丁弱的，你和兄弟姐妹在身體上也會有暗疾發生，你和唯一的兄弟姐妹會因某種關係少來往或分離。

◎兄弟宮是日月同宮有太陽化權時，表示在家中你的兄弟說話有份量，主導家中的事物，你也會尊重兄弟，信服於他，並得自他的照顧。

△有太陰化權在兄弟宮時，你的姐妹在家中有份量，並主導家中或是主導你的經濟權。姐妹講的話你也會聽，並得自姐妹的照顧較多。

△有太陽化祿在兄弟宮時，你的兄弟與你和諧、友善，並會經濟支援你。

△有太陰化祿在兄弟宮時，你的姐妹與你較知心，並會經濟支援你。

△有太陰化科在兄弟宮時，你的姐妹長相有氣質、有文藝才能，辦事能力強，會在事務性的問題上幫助你，手足間的友情彌篤。

△有太陽化忌在兄弟宮時，你與兄弟有是非不和，感情不佳。但與姐妹還算平和。

△有太陰化忌在兄弟宮時，你與姐妹有是非不和、感情惡劣，但與兄弟還不錯。

## 兄弟宮爲太陽在辰宮

※當太陽居旺單星坐辰宮為兄弟宮時，你有兄弟姐妹三人。你是空宮坐命巳宮有廉貪相照的命格的人。兄弟與你感情深厚，而且他們是個性開朗、有話直講，陽剛氣重

的人，也同時是個寬宏豁達的人。

△兄弟宮有太陽、文昌同宮在辰宮時，你的兄弟是知書達禮又寬宏爽朗的人，事業、名聲都很好，地位高，精明幹練。

△兄弟宮有太陽、文曲同宮在辰宮時，你的兄弟是口才好、寬宏、不計較的人，人緣特佳，事業、名聲、地位皆高。

△兄弟宮有太陽、左輔或右弼在辰宮時，你的兄弟是能幹，又能襄助你事業的人，兄弟感情彌堅，可共創大事業。

△兄弟宮有太陽、擎羊在辰宮時，你的兄弟雖然表面開朗、寬宏，但內心很計較，多思慮，與你不和睦，也不見得會幫你的忙。

△兄弟宮有太陽、陀羅在辰宮時，你的兄弟比你笨，你們心性不相投，只是在外人眼中假裝親密，實際上有差距。

△兄弟宮有太陽、火星或鈴星在辰宮，你的兄弟是急躁、火爆的人。聲音大，有不高興的事情就直接嚷嚷出來，不會替你留面子，但他不是壞人，你們的感情也並不算壞，只是有些事情你不會和他商量。

△兄弟宮有地劫、天空在辰宮時，你的另一顆天空或地劫星在父母宮，會因父母不合或離異分開而兄弟少。或有同父異母、同母異父的兄弟少來往。

## 兄弟宮有太陽在巳宮

※當太陽居旺在巳宮為兄弟宮時，你是破軍坐命午宮的人，你有兄弟三人以上。兄弟姐妹是性格開朗豪爽，愛嬉笑吵鬧，相處融洽，快樂的人。你從小會在一個大家庭中長大（也可能父母不全，在孤兒院所長大），但是和同輩、兄弟姐妹輩的感情十分深厚，而且是寬宏不計較的型態。所以日後這種兄弟般的感情在你事業上的助益非常之大，就是幫助你打天下的最大本錢。

△兄弟宮有太陽化權在巳宮時，你的兄弟是身份、地位、權勢極高的人，而且為主腦人物。兄弟對你有說話、傳授思想上的主控、主導權，你會對兄長、兄弟之言，言聽計從。你也可以對兄弟運用這項主導權，讓他們也對你言聽計從。

△兄弟宮有太陽化祿在巳宮時，你的兄弟是寬宏、豪邁、圓滑、人緣好的人，他們的地位、權勢、財富都很高。對你更是友愛。他們是你的死黨，你永遠不會落單，或少了兄弟的陪伴。他們在你事業上的助力更是佔有決定性成功的關鍵助力。

△兄弟宮有太陽化忌在巳宮時，你與兄弟不和。兄弟有一、二人。雖然他也有寬宏的性格，但是粗枝大葉型、頭腦又不夠清楚，因此你常和他有理說不清，更不願意跟他共事。所以有兄弟也等於無用。

△兄弟宮有太陽、文昌在巳宮，你的兄弟是長相氣派、美麗、俊俏、氣質文雅的人。他們的頭腦聰明、強幹，事業成就很高超，會做高官或學術上有聲名，與你的關係和諧，有助力。

△兄弟宮有太陽、文曲在巳宮，你的兄弟是長相氣派、人緣特佳，口才也特佳，才藝一流的人。會在事業或才藝上有聲名。與你的關係融洽，有助力。同時兄弟們也是有幽默感，很愛說笑話的人。

△兄弟宮有太陽、左輔或右弼在巳宮時，你的兄弟有三、四人之多，很會和你連成一氣，共同去做一些事情。他們是你的死黨。兄弟在你的事業中也扮演重要的角色。關係極為親密。

△兄弟宮有太陽、祿存在巳宮時，你的兄弟只有一人，或有二個姐妹。你的兄弟姐妹是表面開朗，內心性格保守的人。他們會做公職或薪水族，是一板一眼的正經人。兄弟姐妹間會同心協力的相互扶助。但在財物上，大家還是保守、小氣、固執的，有條件的付出。

△兄弟宮有太陽、陀羅在巳宮時，你的兄弟有一、二人。他們是個性開朗，傻呵呵，精明度不高的人，有時也會和你有磨擦、不快樂的事情發生，略有相剋，但不嚴重。

△兄弟宮有太陽、火星或鈴星時，你的兄弟有一、二人。他們是脾氣火爆急躁、嗓門大，有事時會急怒爆發，但很快過去就忘記，不太會記仇的人。有事好好商量仍可和平相處。

△兄弟宮有太陽、地劫、天空同宮時，你沒有兄弟，也沒有人能幫得上你的忙。你有點孤獨，但對同輩人仍然是寬宏、不計較的心態。

## 兄弟宮為太陽在午宮

※當太陽在午宮居旺在兄弟宮時，你有兄弟五人以上，你是天府坐命未宮的人。你在家中兄弟姐妹多，而且家中是以長子為尊貴，有決定權。日後你也會以男性為尊。你的兄弟是沒什麼心機，氣度寬宏的人。他也會照顧你們，但是大略的照顧，並不細微，因為他是個陽剛氣重、粗枝大葉的人。

△當太陽、文昌在午宮為兄弟宮時，你的家庭是個很大家族中分出來的家庭。兄弟多，而且溫和但不一定精明。你本身也有『陽梁昌祿』格，你的學歷會比兄弟姐妹高出很多，兄弟姐妹還算友愛，大家都尊重你。

△當太陽、文曲在午宮為兄弟宮時，你的兄弟姐妹有三、四人。他們是性情開朗，但口才不佳的人，也沒有才藝，只是一般普通人，你們會和平相處，平淡的過一生。

△當太陽、左輔或右弼在午宮為兄弟宮時，你的兄弟姐妹多，而且心手相連，互相為助力。他們也會幫助你在事業上的發展。兄弟姐妹的感情親密深遠。

△當太陽、祿存在午宮為兄弟宮時，你的兄弟少，有一、二人，和你和諧相處。他的性格開朗、寬宏，但對錢保守。你要求他做事，是義不容辭。你要他出錢，便要再多考慮了。

△兄弟宮在午宮有太陽、擎羊時，你的兄弟少，只有一、二人，他是表面很和善、大方，但內心計較、奸滑、多思慮的人，你與他不合，也沒有相助的力量。

△兄弟宮在午宮有太陽、火星或鈴星時，你的兄弟少，只有一、二人，他們是性格急躁、噪門大，快人快語的人。表面上看來還和諧，但實際上助力不大。

△兄弟宮在午宮有太陽、地劫或天空時，你會在子女宮有另一個天空星或地劫星，表示你的兄弟少，只有一人。而你和兄弟的子女也不多，只有一、二人而已。你和兄弟姐妹的關係很平淡，相助的助力少，也不常來往。

## 兄弟宮爲太陽在戌宮

※當兄弟宮在戌宮為太陽居陷時，兄弟有三人。彼此之間不和睦，也沒有助力。你兄弟姐妹是外表沈悶，話不多，成就、地位普通的人。你是空宮坐命亥宮有廉貪相照的人。

△當太陽化權在戌宮為兄弟宮時，你的兄弟是家中得寵，又與你不和之人。他有頑固愛指使人的個性，你很受不了他，但也沒辦法。你是空宮坐命亥宮有廉貪相照的人，你會向外發展，根本不在乎他。

△當太陽化祿在戌宮為兄弟宮時，你的兄弟雖然不得力，對你的幫助不大，但與你仍能和諧相處。只是他只關心自己的事情，忙著賺自己的錢而已。

△當太陽化忌在戌宮為兄弟宮時，你的兄弟和你有歧見，非常不和，而且多是非爭吵，彼此懷恨、嫉妒。同時他也是個成就不如你的人。

△當太陽、文昌在戌宮為兄弟宮時，你的兄弟有一、二人，他是悶聲不吭，外型粗魯的人，做事也粗枝大葉，不夠精明，知識程度也不高。

△當太陽、文曲在戌宮為兄弟宮時，你的兄弟只有一、二人，他是內向、喜歡躲在人背後，口才很差，話不多，說話言詞拙劣的人，才藝也很差。

△當太陽、左輔或右弼在戌宮為兄弟宮時，你的兄弟是內向，話不多的人，但心地開闊、善良，仍會對你在某些層面有幫助，或做你的幕僚人員，但無法在人前或檯面上幫助你。

△當太陽、擎羊在戌宮為兄弟宮時，你的兄弟少，只有一、二人。他是內向、陰險、多謀略、善嫉妒的人，常在暗地裡扯你的後腿，使你很頭痛，兄弟間不和睦，常有針鋒相對的時候。

△當太陽、陀羅在戌宮為兄弟宮時，你的兄弟是內向，又有點笨拙的人。他與你不和，常用沈默或暗中排擠的小動作來抵制你，使你憤慨。

△當太陽、火星或鈴星在戌宮為兄弟宮時，你的兄弟是內向、性情急躁、火爆的。他會在一些小事上和你暗中爭鬥不休。兄弟不和，沒有助力。

△當太陽、地劫或天空在戌宮為兄弟宮時，你的兄弟少，或有同父異母，或同母異父的兄弟。你的家庭全因父母的關係離異、分開，而兄弟不和，少來往。

## 兄弟宮為太陽在亥宮

※當兄弟宮在亥宮為太陽居陷時，兄弟有二、三人。你是破軍坐命子宮的人。你們兄弟不和，兄弟也是性格內向，成就不如你的人。你也得不到兄弟間的助力。

△當兄弟宮為太陽化權在亥宮時，家庭中有內向、話不多的長兄在管理家中之事，他很頑固，喜歡擺架子，你與他不和，得不到太多的助益。你喜歡在朋友間穿梭來往而得利。

△當兄弟宮為太陽化祿在亥宮時，你的兄弟雖為內向的人，但人緣還不錯，與你的關係仍和諧，但助力不大。他會在一些小地方幫你，但真正要用到他時，他會退縮。

△當兄弟宮為太陽化忌在亥宮時，你與兄弟不和，是非爭鬥不斷，常有是非嫉妒，會不來往。

△當兄弟宮為太陽、文昌在亥宮時，你的兄弟不多，有一、二人。他是內向，氣質粗魯的平常人，也不精明、能幹，你們彼此有嫌隙，但不會大吵，情況較冷淡而已。

△當太陽、文曲在亥宮為兄弟宮時，你的兄弟是內向，喜躲在人背後，但有人緣、口才佳的人。他也會具有特殊才藝以謀生。和你的關係平和，不算很親密。

△當太陽、左輔或右弼在亥宮為兄弟宮時，你的兄弟有二、三人。他們是性格內向，但會幫助你的人，因為同時在你的田宅宮中也有另一個左輔或右弼星，因此你家庭中的力量是暗中支持你的支柱。是故你常放手一搏，可創造大事業。

△當太陽、祿存在亥宮為兄弟宮時，你只有兄弟一、二人。他是性格內向、保守的公務員型態的人，對你的助益只有一點點，幫不上大忙。而且他很小氣，在錢財上更無法做大幫助。但你們的關係尚稱和諧。

△當太陽、陀羅在亥宮為兄弟宮時，你的兄弟少，有二、三人。他們是內向、笨拙的人，成就沒有你好。也與你不同心。並且常會做笨事扯你後腿，兄弟不和，少來往。

△當太陽、火星或鈴星在亥宮為兄弟宮時，你的兄弟是內向又性情急躁的人，他們較容易走歧運，和黑幫掛勾，以致連累到你。因此你要小心。兄弟不和，是非爭吵多。

△當太陽、地劫、天空同在亥宮為兄弟宮時，你沒有兄弟，或是有父親在外面所生未曾謀面的兄弟一人。彼此不來往，只是略有所聞而已。

## 兄弟宮有太陽在子宮

△當兄弟宮為太陽陷落在子宮時，兄弟有三、四人，你是天府坐命丑宮的人。你的兄弟性格內向、寬宏，但與你不親密，你得不到兄弟的助力。

△當兄弟宮為太陽化權在子宮時，你家中有兄長當權，很霸道、頑固話少、內向，很威嚴，你與他不合，他喜歡管你。

△當兄弟宮為太陽化祿在子宮時，你的兄弟是內向，人緣好，圓滑的人，與你尚和諧，會有限度的幫助你。

△當兄弟為太陽化忌在子宮時，你的兄弟與你不和，時有是非爭執和嫉妒責難，關係很差。

△當兄弟宮為太陽、文昌在子宮時，你的兄弟是內向，但文質彬彬的人，性格溫和、寬宏、斯文，也略具精明能幹，會對你有少部份的幫助。

△當兄弟宮為太陽、文曲在子宮時，你的兄弟是內向，口才不錯，人緣也不錯的人，與你還算和諧，但是口惠實不惠的人。助力不大。

△當兄弟宮為太陽、祿存在子宮時，你的兄是內向、保守、小氣的人，在事業上會幫助你，在錢財上的助力較小。他是公務員、薪水族型的人。

△當兄弟宮為太陽、擎羊在子宮時，你的兄弟是內向陰險的人，常常算計你、扯你後腿，彼此感情差。他的工作也較艱辛，成就也無法和你比較。

△當兄弟宮為太陽、火星或鈴星在子宮時，你的兄弟是內向、性情火爆，常為不良份子，和你性格不合，你也怕和他來往。

△當兄弟宮為太陽、地劫或天空在子宮時，你的子女宮也會有另一個天空或地劫，表示你的兄弟少，子女也少，家族人丁單薄，兄弟間感情也淡薄。

## 武曲星

### 【原文解釋】

兄弟宮有武曲廟旺時，有兄弟兩人，但兄弟不合。武曲居陷加殺星在兄弟宮只有一人（※按武曲在平位已是最低旺度了，武曲沒有居陷。此指武殺、武破同宮時。）

兄弟宮有武曲和天相同宮，有兄弟二人，兄弟宮有武曲、破軍同宮，有兄弟一人，不和睦，也不得力。兄弟宮有武曲、七殺同宮，有兄弟一人，不和睦，也不得力。

武曲居廟和文昌、文曲、左輔、右弼同宮在兄弟宮時，有兄弟三人。感情融洽。上述情形中再加擎羊、陀羅、火星、鈴星、天空、地劫在兄弟宮時，為孤單一人，沒有兄弟。

## 【解析】

※兄弟宮為武曲居廟在辰、戌宮時，有兄弟二人。你是太陽坐命巳、亥宮的人。你的兄弟是性格剛直、頑固、個性強的人。同時他也是財力雄厚、喜歡賺錢、講信諾、亦可能從事政治界、軍警界發展的人。你們雖在某些尖銳的議題上，意見不一致，但是太陽坐命的人，都有包容、寬宏、不計較別人是非的心，因此和睦相處不是難事，只要找對了溝通頻道，你就會擁有忠實的手足之情了。

△兄弟宮有武曲、文昌時，在辰宮，你的兄弟是文武全才的人。有文質的氣質也有剛

直、坦誠的個性。你會得到他的助力，尤其是在錢財資助上不遺餘力。在戌宮，你的兄弟是剛直、粗魯的人。兄弟財大氣粗，你很難搞懂他的性格，因此算是不和，但不嚴重。因為他不精明，計算能力不佳。你只要能忍耐，一樣能和他和平共處。

△兄弟宮有武曲、文曲時，在辰宮，你的兄弟是口才好又多金的人，雖然性格強硬一點，但人緣還不錯，會與你和諧相處，也會幫助你很多。在戌宮，你的兄弟是頑固，口才不佳的人，因此較沈默、少話。你完全不清楚他的個性，兄弟不和，你也不敢惹他。

△兄弟宮有武曲、左輔或右弼時，你的兄弟是性格剛強，多金的人，會賺錢也捨得花錢，會幫助你，對你有助益。

△兄弟宮有武曲化權時，你的兄弟十分剛強、霸道，會向政治圈或軍警界、金融界發展，他的財力特強，在家中也具有主控地位，你不得不依賴他。他會幫助你，但是會以他的方式來資助你。你有些怕他，也尊敬他。

△兄弟宮有武曲化祿時，你的兄弟是財富很多的人，他的性格雖然剛直，但人緣好，脾氣也不那麼固執了。他與你的感情融洽，會在財務上幫助你。

△兄弟宮有武曲化科時，你的兄弟是剛直而有格調的人。性格有些頑固，但文質彬彬，他會在事務上幫助你，在財力上幫助較少。

△兄弟宮有武曲化忌時，你的兄弟是脾氣倔強、剛硬，錢財常不順，頭腦也會常不清楚的人。你與他不合，常有錢財是非起衝突。他自身的金錢麻煩更是多如牛毛。少

惹他為妙。

△兄弟宮有武曲、擎羊時，你的兄弟少，只有一人。他是性格剛硬、陰險的人。常和你起衝突。並且他也是大起大落，錢財常不順，是運用鬥爭、奸險來得財的人。

△兄弟宮有武曲、陀羅時，你的兄弟有一、二人。他是稍有錢財，但頭腦不靈活的人。他會做武職或屠宰業維生。他是長相粗曠、內向，特別頑固不化的人。和你不和，也不聽勸，因此你們不常來往。

△兄弟宮有武曲、火星或鈴星時，你的兄弟是性格火爆、剛硬的人。他常有突發的錢財，性格聰明，做事武斷，也容易入歧途。你會和他保持距離，少惹他。

△兄弟宮有武曲、地劫或天空時，你的父母宮也會有另一顆天空或地劫，因此你是孤單無兄弟姐妹的人。會因父母離異或生離死別而無兄弟姐妹。

## 兄弟宮爲武相

※兄弟宮為武曲、天相時，有兄弟二人。你的兄弟是性格剛直、溫和、有財力、有福氣，做事勤勉的人。會對你有助益。你是陽梁坐命的人。

△兄弟宮為武相加文昌或文曲時，在寅宮，你的兄弟是稍有財力，溫和，不太精明，或口才不佳的人。他對你的幫助是小型的，大助力則不可能。在申宮，你的兄弟是有財力，又精明幹練之人，口才也很好，對你的幫助很大。兄弟和諧。

△兄弟宮為武相、左輔或右弼時，在你的子女宮中會有另一顆右弼或左輔星，因此家

族中對你的幫助很大，你會組織一個家族事業來團結自家人，由兄弟或子女來幫助你，並傳承你的事業。

△兄弟宮有武相、祿存時，你的兄弟只有一人，他是性格剛直、溫和、保守的人，而且有些小氣，他會幫助你，但幫助不大，而且是有關錢財上的幫助是更小心謹慎的。

△兄弟宮有武相、陀羅時，你的兄弟是剛直、溫和、慢性子的人，內心常會對你不滿，他雖略有財力，但對你助力少。仍會表面平和相處。

△兄弟宮有武相、火星或鈴星時，你的兄弟是表面溫和、內心急躁、剛硬的人。會與你常有衝突。助力少。

△兄弟宮有武相、地劫或天空時，你的僕役宮中也會有一顆天空星或地劫星，表示你的兄弟少，或來往少，你喜歡孤獨，也少與朋友來往，或不願與朋友交情深。兄弟間感情平淡，少助力。

## 兄弟宮爲武破

※兄弟宮為武曲、破軍時，你有兄弟一人、姐妹不計。你是太陽坐命子、午宮的人。你的兄弟是性格剛直、大膽、敢說敢做，氣質較粗魯的人，多半做武職工作，無法貴顯。他在錢財上破耗多，賺錢能力也不佳。兄弟欠和睦，也不能同心，無助力。

△兄弟宮為武破、文昌或文曲時，你有兄弟一人，他是外表尚具有文質氣息，但財力窮困的人，做薪水族、公職、藝術研究之類的工作，也會為寒儒型的人物。感情平淡，助力少。

△兄弟宮為武破、左輔或右弼時，你有兄弟一人。同時在你的田宅宮會有另一顆右弼或左輔星，你的兄弟姐妹是財力不佳，破耗型的人，但兄弟姐妹會相互合作維持家計。當然，他們是付出心力，而你是付出金錢和勞力的人。兄弟對你的助力很少，而你對兄弟姐妹的幫助才最大。不過兄弟姐妹們還算是有合作精神的人，因此兄弟運不算太壞。

△兄弟宮為武破、祿存時，只有兄弟一人。兄弟是小氣、財不多的人，只是一般薪水階級，因此吝嗇節儉。對你的助力不大，不過可平順相處。

△兄弟宮為武破、陀羅時，你的兄弟是既沒錢又遲鈍，而且是耗財型，不會賺錢的人，他多半會做武職，在軍警業中職位也不高，要不然就會做屠宰業。他與你不和，也沒有助力。

△兄弟宮為武破、火星或鈴星時，你有兄弟一人。他是性情火爆、急躁的人，品行又不好，可能與黑道有關，是非爭鬥多。你與他不和睦根本看不慣他。自然無助力。

△兄弟宮為武破、地劫、天空四星同宮時，你沒有兄弟，就連朋友、親信的助力也很少，你是一個靠自己努力奮鬥的人。

△兄弟宮有武曲化權、破軍時，有兄弟一人。你的兄弟是在政治界或軍警界工作的人，而且可能會管理軍需財務，或是在軍警界具有地位。他是嚴肅，能大義滅親的人。

△兄弟宮有武曲化祿、破軍時，你的兄弟會在政治、軍警界中掌管財務。他稍為隨和一點，但是他的財力仍不會很富裕。對你的助益不大。

△兄弟宮有武曲化科、破軍時，你的兄弟會在政治、軍警界中主管文書處理的工作，會理財，但財不多。對你助益不大。

△兄弟宮有武曲化忌、破軍時，你的兄弟是對錢財頭腦不清的人，耗財多，常有金錢是非和爭鬥，也與你不和，沒有助力。

△兄弟宮有武曲、破軍化權時，你的兄弟是膽氣十足、強力愛破財的人。喜歡掌權來主導家中的財祿，但是個敗家子，很容易便破耗完了。你與他不和，助力不大。

△兄弟宮有武曲、破軍化祿時，你的兄弟是收入不算好，但有錢可花的人。他的性格油滑，常不正經，但可以利用各種方法來賺錢。（會賺不正當的錢。）

## 兄弟宮爲武殺

※當兄弟宮為武曲、七殺時，有兄弟一人。兄弟感情不和睦，常為錢財吵架不和。兄弟比較窮，會做軍警武職，或辛苦勞力型的工作。職位不高。你是太陽坐命辰、戌宮的人。

△當兄弟宮為武殺、文昌時，在卯宮，兄弟是粗魯、不精明、性格強悍剛硬的人，成就也不高，兄弟不和睦。在酉宮，兄弟是性格剛硬，但外表秀氣的人，為人精明強幹，做武職，會漸漸升高，兄弟間表面還算和氣，但助力不大。

△當兄弟宮為武殺、文曲時，在卯宮，兄弟是強悍，口才不太好的人，人緣也不佳，頑固又悶聲不吭。就算是說話也不好聽，兄弟感情差。在酉宮，兄弟是性格剛強，

口才很好的人，才藝也好，人緣也還不錯。雖然和你性格不和，但仍能平和、平淡的相處。沒有助力。

△當兄弟宮為武殺、左輔或右弼時，你的兄弟是與你不和較凶悍的人，但在某些事務上會幫助你出頭，助力不大。

△當兄弟宮為武殺、祿存時，兄弟有一人。你的兄弟是性格凶悍又固執、保守、小氣的人，對你的幫助不大。但會為你小事跑腿。

△當兄弟宮是武殺、擎羊時，兄弟只有一人，你的兄弟是性格凶悍、陰險的人，會和你常爭鬥不休，兄弟如仇敵。

△當兄弟宮是武殺、火星或鈴星時，兄弟只有一人，兄弟間常有火爆場面，爭鬥不休。雖然吵鬧會來如風，一下子便過去了，但心結仍存在，依然是無法和睦相處的。

△當兄弟宮是武殺、地劫或天空時，你的田宅宮也有另一個天空或地劫，你是兄弟少、子息也孤單的人，家中的財富也不富裕。

△兄弟宮為武曲化權、七殺時，你的兄弟會在政治圈或軍警業中具有小地位。他是性格強悍、霸道的人，與你不和，助力不大。

△兄弟宮為武曲化祿、七殺時，你的兄弟人緣稍好，愛賺錢，但財不多，做軍警武職會管理財務，接近錢，但依然辛苦，賺錢不多。他與你只有表面上的和諧，兄弟不得力。

△兄弟宮為武曲化科、七殺時，兄弟的外表稍具文質，努力理財，但財不多，對你的助力也少。

△兄弟宮為武曲化忌、七殺時，兄弟少有一人。兄弟是常有財務困難，有金錢是非的人，與你不合，根本沒助力，而又會拖累你。

## 兄弟宮是武府

※兄弟宮是武曲、天府時，你的兄弟是性格剛直，財力好，賺錢多，生活富裕的人。並且他是一板一眼，保守、固執，有點小氣吝嗇的人。兄弟間感情還不錯，他會對你好，也會金錢資助你。你是日月坐命丑、未宮的人，有兄弟二、三人。

△兄弟宮是武府、文昌時，在子宮，你會有外表俊秀的兄弟姐妹，長相白淨，討人喜歡，文質彬彬，也會做與財務、文質方面的工作。他們是精明能幹的人，與你和諧，有助力。在午宮，你的兄弟姐妹外型較粗，但會賺錢，不夠精明，會做賺錢多的工作，但不是文職。他會幫助你，但會計較，你們的關係是在和睦中仍有爭執。

△兄弟宮是武府、文曲時，在子宮，你的兄弟姐妹是人緣好，會賺錢，口才好，才藝多的人，與你的關係也融洽，有助力。在午宮，你的兄弟姐妹是口才差，人緣也差一點，但賺錢還不少的人。他會幫助你，但有口舌是非。

△兄弟宮有武府、左輔或右弼時，你的兄弟姐妹會對你用金錢援助，對你助力很大。雖然他們也會嘮叨你，但卻從不後悔的幫助你。

△兄弟宮有武府、祿存時，你只有一個兄弟，他非常有錢而且小氣，與你的感情很好，

會支助你，但會要求你償還。

△兄弟宮有武府、擎羊時，你只有一個兄弟，他是有錢而陰險的人，常會為錢而與你爭鬥，與你不和睦，沒有助力。

△兄弟宮有武府、火星或鈴星時，有兄弟一人，他是有錢而脾氣怪的人，性情火爆，愛爭鬥。你們雖不算和睦，但你稍為忍耐，也能相安無事。助力少。

△兄弟宮有武府、地劫或天空，你的兄弟少，最多一人。兄弟是多金但性情冷淡的人，對你的助力少。你也不願多找他幫忙。

△兄弟宮有武曲化權、天府時，表示你的兄弟在財富上很有實力，而且會做金融界有地位的人。他很頑固、保守，但很會賺錢，你一定要聽他的話，受他支配，他才會幫助你。

△兄弟宮有武曲化祿、天府時，表示你的兄弟是個富翁。他會資助你，幫忙你，與你感情親密。

△兄弟宮有武曲化科、天府時，表示你的兄弟是個理財專家。他會因很實際、有規劃的方式來幫助你。你們的關係和諧。

△兄弟宮有武曲化忌、天府時，表示兄弟感情不佳，常因錢財有是非，你的兄弟本身也常有金錢困擾、錢財不順的問題。

## 兄弟宮是武貪

※兄弟宮是武曲、貪狼時，有兄弟二人，兄弟間關係不好，常發生爭執。你的兄弟是性格強悍、對錢財很敏感的人。你是陽巨坐命的人。

△兄弟宮是武貪、文昌、文曲同宮時，你的兄弟是長相美麗、俊俏、氣勢雄壯、威武的人。他會有突發的好運，也有頭腦不清，政事顛倒的情形。你與他只能保持表面的融洽，相互助力不大，而且你有遲婚的兄弟。

△兄弟宮是武貪、左輔、右弼同宮時，你的兄弟是強悍的人，但會幫助你，對你有助益。你們會在爭執中找到妥協的辦法。

△兄弟宮是武貪、擎羊時，兄弟有一、二人，兄弟間關係不佳，常發生爭執和暗鬥。你鬥不過他，只有躲著他了。

△兄弟宮是武貪、陀羅時，兄弟有一、二人，兄弟關係不佳，兄弟是強悍、固執、頭腦不靈光的人，彼此沒有助益。

△兄弟宮是武貪、火星或鈴星時，兄弟有一、二人，兄弟間的關係不好，常有火爆場面出現。但你會因兄弟而有雙重暴發運，會暴發很大的財富，因此兄弟間最好不要鬧翻，以免得不償失。

△兄弟宮是武貪、地劫或天空時，兄弟只有一人，你的疾厄宮會有另一個天空或地劫，可能會有家族性遺傳之暗疾，要小心，你與兄弟的感情冷淡，沒有助力。

△兄弟宮是武曲化權、貪狼時，你會有非常強勢、多金、有事業成就的兄弟，但仍然是不和的狀況。助力也不大。
△兄弟宮是武曲化祿、貪狼化權時，你的兄弟很會賺錢，性格強悍，但與你不算和睦，因為他愛管你，即使對你幫助，你也不接受。
△兄弟宮是武曲化科、貪狼，你的兄弟很會理財，氣質也較佳，但與你無關，助力不大。
△兄弟宮有武曲化忌、貪狼，兄弟和你有金錢上多是非，感情不佳，無助力。
△兄弟宮有武曲、貪狼化祿，你的兄弟人緣很好，與你能和平相處，會幫助你，只是你不一定會接受。
△兄弟宮有武曲、貪狼化忌時，兄弟感情不佳。沒有助力。兄弟是人緣不好的人。

# 天同星

## 【原文解釋】

天同居廟在兄弟宮時，有兄弟四、五人。天同、天梁同宮在兄弟宮時，有兄弟二、三人。天同、巨門同宮在兄弟宮，無殺星再同宮的，有兄弟三人。天同和太陰同宮在兄弟宮，在子宮有兄弟四、五人。同陰居陷在午宮為兄弟宮時，只有兄弟二人。上述狀況中，有擎羊、陀羅、火星、鈴星、天空、地劫、化忌時，兄弟少，兄弟不和，宜分開來居住。

## 【解析】

### 兄弟宮是天同居廟

※天同居廟在巳、亥宮為兄弟宮時，有兄弟四、五人，兄弟是性情溫和、世故、通情達理的人，兄弟感情親密，祥和、相互為助力。你是武府坐命的人。

△兄弟宮為天同居廟加文昌時，你的兄弟是溫和的普通人，並不特別秀氣，也不特別

精明能幹，但很世故，會做人。兄弟感情佳，有助力。

△兄弟宮為天同居廟加文曲時，你的兄弟是溫和、口才好、有才藝之人。聰明能幹，與你感情好，有助力。

△兄弟宮為天同居廟加左輔或右弼時，你的兄弟是溫和、有合作精神的人，兄弟們可一起共創大事業，也可創造祥和的家族，令人稱羨。

△兄弟宮為天同居廟加祿存時，你的兄弟是溫和脾氣好，但保守的人，會與你感情佳，也會有助力。

△兄弟宮為天同居廟加陀羅時，兄弟是溫和但有私心，而且頭腦不靈光的人，與你不同心，無法有助力。

△兄弟宮為天同居廟加火星或鈴星時，兄弟是性格急躁，外表懦弱的人，但會與黑道掛勾，或誤入歧途。兄弟不同心，但感情還不錯。

△兄弟宮為天同居廟加地劫、天空時，你沒有兄弟。朋友運也不佳，你是個孤僻的人，不想和別人打交道，或麻煩別人。

△兄弟宮為天同居廟化權時，你的兄弟在家很得寵，他會是長子或繼承香煙、繼承家產的人。他具有天賜的主控家庭中氣氛的權威力量。他和你的感情還不錯，只是有些霸道。也能對你相幫助。

△兄弟宮為天同居廟化祿時，你的兄弟姐妹多，一家人其樂融融，感情親密，會相互

幫助。

△兄弟宮為天同居廟化科時，你的兄弟姐妹多，都是長相美麗，氣質教養很好的人，彼此感情很親密，會做體貼的幫助。

## 兄弟宮爲天同居平在卯、酉宮

※兄弟宮為天同居平在卯、酉宮時，有兄弟二人。你是武曲坐命辰、戌宮的人。你的兄弟與你相處還算平順，但偶爾也會吵吵鬧鬧，助力不大。

△兄弟宮為天同、文昌在卯、酉宮時，在卯宮，兄弟一、二人。你的兄弟姐妹長相、氣質普通，交情也普通，助力不大。在酉宮，兄弟二、三人。你的兄弟姐妹長相美麗、氣質佳，精明幹練，和你和諧，助力較大。

△兄弟宮為天同、文曲在卯、酉宮時，兄弟二、三人。你的兄弟姐妹是溫和、人緣好、口才佳，有才藝的人，和你融洽，有助力。

△兄弟宮為天同、左輔或右弼在卯、酉宮時，兄弟二、三人。你的兄弟姐妹是溫和，有合作精神的人，會和你同心協力，相互幫助。

△兄弟宮為天同、祿存在卯、酉宮時，兄弟只有一人。他是溫和但對錢小氣的人，他會在事物上幫小忙，在金錢上多考慮的人，對你助力不大，但相處融洽。

△兄弟宮為天同、擎羊在卯、酉宮時，兄弟一人。他是表面溫和，內心奸詐的人，身體有傷殘，他會剋害你，兄弟不和，沒有助力。

△兄弟宮為天同、火星或鈴星在卯、酉宮時，兄弟一人。他是表面溫和，內心急躁、火爆的人，你與他不合，沒有助力。

△兄弟宮為天同、地劫或天空時，你的兄弟少，只有一人。家中會有遺傳性之疾病暗生，兄弟感情平淡，沒有助力。

△兄弟宮為天同化權在卯、酉宮時，你有兄弟二人，他們是霸道、固執，表面溫和的人，你會忍讓他們，但並不同心，亦無助力。

△兄弟宮為天同化祿在卯、酉宮時，你有兄弟二人，他們是溫和討人喜歡，人緣好的人，生活富足。你與兄弟和諧相處，但助力不太大。

△兄弟宮為天同化科在卯、酉宮時，你有兄弟二人。他們是溫和、有氣質、會做事的人，與你關係平和，助力不大。

## 兄弟宮為天同居平在辰、戌宮

△兄弟宮為天同、文昌在辰、戌宮時，在辰宮，你有兄弟二人。兄弟是性格溫和、好脾氣、有教養的人。做事也精明強幹，成就好，稍有助力，與你平和相處。在戌宮，你的兄弟表面溫和，但氣質、教養差，比較笨，和你不算很和諧，沒有助力。

△兄弟宮為天同、文曲在辰、戌宮時，在辰宮，你有兄弟二、三人。兄弟是口才好、才藝多的人，相處平和，略有助力。在戌宮，兄弟一、二人。兄弟是口才差，沒有才藝，相處不算很平和，沒有助力。

△兄弟宮為天同、左輔或右弼在辰、戌宮時，你有兄弟二人。兄弟間感情尚佳，也會有合作精神，可相互幫忙，只不過他們的能力並不算很強，財力也沒多大，幫忙有限。

△兄弟宮為天同、擎羊在辰、戌宮時，兄弟一人。他可能在身體上有殘疾，與你不合，多是非爭執，沒有助力。

△兄弟宮為天同、陀羅在辰、戌宮時，兄弟一人，兄弟可能在智商上有問題，與你難溝通，沒有助力。

△兄弟宮為天同、火星或鈴星在辰、戌宮時，兄弟一人，他是性情急躁火爆，表面還平和的人，也可能身體有傷，與你不合，沒有助力。

△兄弟宮為天同、地劫或天空在辰、戌宮時，兄弟一人，他是表面溫和，但兄弟感情冷淡，沒有助力。

△兄弟宮為天同化權在辰、戌宮時，你有兄弟一、二人，他們是表面溫和，但實際霸道，喜歡在享福、玩樂方面有主控權的人。對你的助益不大，是靠你生活的人。

△兄弟宮為天同化祿在辰、戌宮時，你有兄弟二人，他們是人緣稍好，對你口惠，實不惠的人，助力略有，但不大。

## 兄弟宮為同巨

※兄弟宮有天同，巨門，沒有羊、陀、火鈴、劫、空、化忌等星的人，有兄弟三人。

感情不和睦，他們會是你同父異母，或同母異父的兄弟。兄弟是溫和多是非的人，沒有成就，也沒有用的人，對你沒有助益，你也不想理他們。

△兄弟宮有同巨、昌曲同宮時，你那些同父異母，或同母異父的兄弟姐妹長得還很漂亮，其中有一、二個也稍會有出息。也有一、二個兄弟會識大體，會幫助你。但大致來講，兄弟姐妹們還是感情淡薄的。

△兄弟宮有同巨、左輔、右弼四星同宮時，在你同父異母或同母異父的兄弟中雖然性格不同，仍然臭味相投，結合在一起，在某些吃喝玩樂的事件上互有助益。

△兄弟宮有同巨、擎羊或陀羅、或有巨門化忌時，兄弟間的爭鬥頻繁，會造成是非災禍，兄弟少，只有一、二人。宜分開居住為佳。

△兄弟宮有同巨，火星或鈴星時，兄弟少，只有一、二人。兄弟間的口舌是非多，場面火爆，也宜分開來居住，較安靜。

△兄弟宮有同巨、地劫或天空時，家族中人丁單薄，父母會因離異或生離死別，而你的兄弟少，並且你與同父異母或同母異父的兄弟也不和，不相往來。

## 兄弟宮為同陰

※兄弟宮為天同、太陰時，在子宮，你有兄弟姐妹四、五人。兄弟姐妹都是長相美麗、溫和的人，而且手足情深，感情彌篤。相互為助力。你是武貪坐命丑宮的人，因為你和父母較不能溝通，你的話少、沉默、木訥。反而和姐妹無話不談。因為姐妹都是溫柔、多情義的人。因此很能打動你的心扉，和你知心。

△兄弟宮為同陰在午宮，同陰皆居陷位，只有兄弟姐妹二人。你的兄弟姐妹是外表柔弱、冷淡的人，他們的財祿也沒有你多。你是性格強勢的人，很怕扭扭捏捏、懦弱的人，因此和他們不和，尤其和姐妹無法溝通。你是武貪坐命未宮的人，自然兄弟間少有助力。

△兄弟宮有昌、曲、或左右和同陰同宮時，同樣的，在子宮，兄弟姐妹和樂溫馨，助力很大。在午宮，兄弟姐妹稍為少一點，有二、三人，是外表溫和，不積極的人，和你也不親密，助力不大。

△兄弟宮有擎羊、火、鈴，和同陰同宮時，無論在子宮或午宮，兄弟姐妹數目都會減少，並且有暗鬥不和的情形，沒有助力。有地劫、天空時，兄弟姐妹較少，也不親密，沒有助力。有化忌時，兄弟姐妹間多是非暗鬥，彼此有心結，不來往。

## 兄弟宮爲同梁

※兄弟宮有天同、天梁，在寅宮，有兄弟三人，在申宮，兄弟少，或有同父異母、同母異父之兄弟。你是武殺坐命的人。兄弟宮在寅宮的人較和樂，且稍有助力。兄弟宮在申宮的人，兄弟不和，沒有助力。

△有昌、曲和同梁在兄弟宮，居於寅宮，兄弟是外型較粗，但講義氣的人。與你感情好，在申宮，兄弟是外型文雅、溫和，聰明，但和你有距離，沒有助力。有左輔、右弼和同梁在兄弟宮，在寅宮，兄弟能照顧你，幫助你的事業。在申宮，兄弟會和你一起玩樂，但在正事上幫不上忙。有陀羅與同梁出現在兄弟宮時，在寅、申宮都

代表你的兄弟智能不如你，喜歡暗中與你較勁，又扯你的後腿。兄弟間有磨擦，不算和睦，助力也差。有火星、鈴星在兄弟宮時，代表兄弟是暴躁之人，性急、倒不會彼此有太大的傷害。只是助力也不大而已。有地劫，天空時，你的朋友宮也會有另一個天空或地劫，因此你是一個孤僻的人，兄弟少或沒有兄弟，或是有一個從不來往的兄弟，彼此不相搭理。

## 廉貞星

### 【原文解釋】

廉貞居廟在兄弟宮時，有兄弟二人。有廉貞、貪狼同宮在兄弟宮時，兄弟間不和，相互招惹怨恨，而且會受兄弟的拖累而使你產生怨恨。兄弟宮有廉貞、天相同宮時，有兄弟二人，尚稱和睦。兄弟宮有廉貞、七殺同宮時，有兄弟一人，不和睦。兄弟宮有廉府同宮時，有兄弟三人。凡再加左輔、右弼、文昌、文曲同宮時有兄弟三人。凡是兄弟宮出現擎羊、陀羅、火星、鈴星，天空、地劫，則兄弟間有相剋不和的狀況。

## 【解析】

### 兄弟宮是廉貞居廟

※廉貞居廟在寅、申宮為兄弟宮時，有兄弟二人，你是空宮坐命有機巨相照的人，你的兄弟是有點陰沈、足智多謀，善於爭鬥的人。兄弟間的感情不大好，倘若利益相同，兩人也可合作，相互幫助。沒有共同的利益和目標，則形同陌路。有昌、曲同宮，兄弟間更注重利益而斤斤計較，兄弟會是個精明、圓滑、外表斯文，內心奸滑、善鬥之人。有左輔、右弼同宮、兄弟是冷靜、有智謀，平常寡言冷淡，但有重大事件會出手幫你的人。有陀羅同宮，兄弟是既愛爭鬥，智商又不太高，常做蠢事，自以為聰明，而且常為桃花敗事之人。有火星、鈴星，兄弟是脾氣不佳、凶暴、為不良份子，喜歡爭鬥鬧架之人。有劫、空，無兄弟，自身較孤獨，和平輩人處不好，一生成就差。

### 兄弟宮爲廉貪

※兄弟宮為廉貪在巳、亥宮時，你是巨門坐命子、午宮的人：兄弟有二、三人。相互招災拖累，不和睦，也幫不上你的忙。有文昌、文曲，在巳宮，兄弟、姐妹是長相美麗、文質、精明的人，在亥宮則平凡。但他們都是有邪淫桃花，好淫，和你的關係時好時壞。有左輔、右弼時，兄弟間在邪事上會相互合作，拉攏。正事則無幫助。有陀羅時，兄弟間關係惡劣，兄弟是好淫賤之人。成事不足、敗事有餘。有火星、

鈴星時，兄弟是脾氣不佳、行為不良之人。有劫、空同宮時，無兄弟，你與同輩人之關係壞，只與長輩緣佳。

## 兄弟宮是廉相

※廉相在子、午宮為兄弟宮時，你會有兄弟二人。或是家中有同住的堂兄弟、義兄弟之人。你是天梁坐命丑、未宮的人。你的兄弟是脾氣還不錯。智慧不算太好，但肯努力做事，規矩、守本份，老實之人。你與他很和諧，且能在各種小事上幫你忙。有文昌、文曲時，在子宮，你的兄弟會是知識水準高、溫和，懂禮儀、世故之人。在午宮，你的兄弟外型較粗，知識水準低，不精明，只是溫和，也不夠端莊。有左輔、右弼時，你的兄弟對你有助益，會成為你的左右手。有擎羊時，為『刑印』格局，你的兄弟與你不和，常有爭鬥，及侵害你的權益之事，沒有助益，有傷害刑剋。有劫、空同宮時，你家中人丁單薄，兄弟不多或不和，你也會有子女少，家室不興旺之憂。有火星、鈴星時，兄弟間多爭鬥不和，沒有助益。有廉貞化忌時，兄弟間多是非爭鬥不和。

## 兄弟宮是廉殺

※廉殺在丑、未宮為兄弟宮時，你會有兄弟一人。你是空宮坐命有機陰相照的人。兄弟間感情不佳，常有衝突，沒有助力。有文昌、文曲四星同宮，在丑宮，兄弟是文質彬彬，性格堅強，文武全才、文職表現亦佳之人。和你的關係普通，有事時，有助力。在未宮則否。有左輔、右弼和廉殺四星同宮時，你的兄弟堅毅、剛硬、一板一眼，但會對你有幫助。

廉殺和擎羊、陀羅、火星、鈴星、化忌同宮為兄弟宮時，兄弟不和多是非爭鬥，彼此傷害，宜分居較佳。有地劫、天空時，家族遺傳弱，小心會有遺傳性的疾病隱伏。兄弟少，且不相來往。

## 兄弟宮是廉府

※兄弟宮是廉府同宮，兄弟有二、三人。你是太陰坐命巳、亥宮的人，你的兄弟是沈穩，善於交際應酬，智慧不太高，但生活富足的，與你的感情尚稱親密，他們對錢財上較為計較，只要不是要出錢的事，都可以幫忙。談到錢財，要多方考慮，才會出手相助。有左輔、右弼、文昌、文曲同宮時，有兄弟三人。在辰宮，兄弟和樂，相助力量佳，在戌宮，相助力量較弱。有羊、陀、火、鈴、化忌同宮時，兄弟間不睦，亦無助力。有劫、空時，父母之一會早逝，兄弟少亦無助力。

# 天府星

## 【原文】

天府有五人。紫微同，加左、右、昌、曲有六、七人。廉貞同，三人。見羊、陀、火、鈴、空、劫只二人。

太陰入廟，兄弟五人。太陽同，亦五、六人。天機同，二人。科、權同，四、五人。見羊、陀、火、鈴、空、劫，減半且剋，宜分居相背。

貪狼廟旺二人，陷地宜各胞。廉貞同，不和。紫微同，有三人。加羊、陀、火、鈴、空、劫孤單。

巨門廟旺，二人。陷地各胞，有宜分居。太陽同，加左、右、昌、曲有三人。天機同，有二人，更乖違不一心。天同同，二、三人。加羊、陀、火、鈴、空、劫孤剋。

天相和平有二、三人，見殺全無。紫微同，有三、四人。武曲同，二人。廉貞同，二人。見羊、陀、火、鈴、空、劫孤單。天梁廟旺，二人和順。或多不同胞且不和，陷宮全無。天同同，三人。天機同，二人。見羊、陀、火、鈴、空、劫少。

七殺主孤剋。在子、午、寅、申宮方有三人，也不和，宜各人。加昌、曲、左、右更好。

破軍入廟三人，陷地加殺孤單。武曲同，二人。紫微同，二人。廉貞同，一人。加昌、曲、左、右有三人，和睦。加羊、陀、火、鈴、空、劫孤單。

文昌、文曲諸宮皆有三人。見羊、陀、火、鈴廟旺不剋，陷宮孤單，加空、劫全無。

左輔有三人。同天同、昌、曲，有四、五人，加羊、陀、火、鈴，二人。

右弼三人。同府、相、紫微、昌、曲，有四、五人。加羊、陀、火、鈴，欠力不和睦。有空、劫，欠力不和。

・祿存相生有兄弟，見殺、剋害招怨。

羊、鈴、剋害，入廟一人，眾吉星加，有二、三人，陷地全無。

火星入廟逢有吉星，有一、二人。加廉、殺、破、鈴孤剋。

鈴星入廟，相生有兄弟。加羊、陀、火、空、劫全無。

斗君逢在兄弟宮過度，逢吉星兄弟一年和睦。逢凶殺，有刑者不見刑，主有兄弟爭鬥。

## 天府星

### 【原文解釋】

兄弟宮有天府星居廟旺獨坐的，有兄弟五人。兄弟宮為紫府同宮，有四、五人。若再加左輔、右弼、文昌、文曲同宮者，有兄弟六、七人之多。兄弟宮有廉府同宮的為兄弟有二、三人。凡兄弟宮有廉府加羊、陀、火、鈴、宮、劫的，只有兄弟二人，而且兄弟不和，沒有助力。

【解析】

※兄弟宮有天府居廟在丑、未宮，你是機陰坐命寅、申宮的人，你會有許多的兄弟，他們的財力好，生活富裕，是一板一眼的人，行為端正，規規矩矩，和你感情深厚，會有極大的助力。有左輔、右弼、文昌、文曲同宮時，兄弟的助力更大，相處更和諧。有羊、陀、火、鈴、劫、空同宮時，兄弟無助力，且多半是自私的人，和你的來往少。

△兄弟在巳、亥宮，居得地剛合格之位的人，有兄弟二、三人。你是同陰坐命子、午宮的人。兄弟間還算和諧，他們是有小康富裕生活型態的人。助力也不算太大。

△兄弟宮在卯宮天府居得地之位，你是太陰坐命辰宮的人，你會有兄弟二、三人。兄弟比你略為富有，也屬小康型的人，他們會對你有幫助，但幫助不大。因為你的家庭即是較貧窮的，故有生活上的資助已算不錯的了。

△兄弟宮在酉宮為天府居旺時，你是太陰坐命戌宮的人，有兄弟四、五人，兄弟相處和諧，會有助力。因為你有不倫的父母，與父母不和，故從小與兄弟姐妹相為伴，彼此有情誼。

（兄弟宮為紫府、武府、廉府等，在前面已有詳述，不再贅言）

# 太陰星

## 【原文解釋】

太陰居廟在兄弟宮有兄弟五人。太陰與太陽（日月同宮）為兄弟宮，亦會有兄弟五、六人。兄弟宮為天機、太陰同宮，有兄弟二人。再有化科、化權同宮的，有兄弟四、五人。凡兄弟宮中出現羊、陀、火、鈴、空、劫、化忌等星，兄弟數目會減少一半，而且相剋不合，須要分開來居住。

## 【解析】

※兄弟宮為太陰單星居廟在亥宮，有兄弟四、五人。你是貪狼坐命子宮的人。兄弟和諧、富足，相互為助力。尤其你和姐妹的感情親密，她們都是體貼入微，善解人意，情感濃厚，富有同情心、愛心的人，並且經濟狀況也尤佳。對你的助力更大。

△兄弟宮為同陰在子宮時，太陰也是居廟位的，在前面已說過，不再贅言。

※兄弟宮為太陰居旺，在戌宮，你是廉貪坐命的人。兄弟宮為太陰居旺在酉宮，你是貪狼坐命戌宮的人。可見兄弟宮在太陰時，你們都是命宮中有貪狼星坐命的人。

當兄弟宮有太陰居旺時，你有兄弟四、五人，兄弟感情好，兄弟姐妹有豐富細膩的感情來照顧你、體諒你。相互為助力，而且兄弟姐妹的財力也雄厚，他們和你不一樣，因為你有暴發運，而兄弟姐妹都是賺正財、薪水階級之人。生活型態就不一樣了。

當兄弟宮為太陰居陷時，你的兄弟姐妹少，只有一、二人，而且他們是敏感力不足，和你寡合，經濟力不佳，需要你照顧之人。他們的性格懦弱，也是你不喜歡的，故無法對你有助力，彼此不和睦。

（兄弟宮有日月同宮，機陰同宮，或有化科、化權同宮者，在前面已講過，不再贅言）

## 貪狼星

### 【原文解釋】

兄弟宮為貪狼居廟或居旺者，有兄弟二人，貪狼居陷在兄弟宮，必與廉貞同宮於巳、亥宮，有同父異母或同母異父之兄弟姐妹，彼此不和睦，情況惡劣。兄弟宮為紫微、貪狼同宮，有兄弟三人。再有擎羊、陀羅、火星、鈴星、天空、地劫、為孤單一人，無兄弟。

【解析】

※貪狼在辰、戌宮居廟在兄弟宮者，會有兄弟二人。你是巨門坐命巳、亥宮的人。貪狼在丑、未宮居廟必和武曲同宮在兄弟宮，也會有兄弟二人，你是陽巨坐命的人。兄弟都是以自我為中心，私心較重之人，彼此不能交心，談不來，也無法有助力。來往也少。有來往即會相互拖累，遭災。

※凡兄弟宮有貪狼者，家中兄弟姐妹，或是包含你本人，都有遲婚、不婚的情形。表示與平輩的關係不是很好。

（兄弟宮有廉貪、紫貪、武貪者，在前面已有敘述，不再贅言）

# 巨門星

## 【原文解釋】

兄弟宮有巨門居廟或居旺者，有兄弟二人。彼此多是非、愛鬥嘴、喜歡相互競爭、比較。不算和睦亦不同心。

巨門居陷在辰、戌、丑，未宮時為兄弟宮時，有同父異母或同母異父之兄弟姐妹，彼此不和，分開居住較佳。少來往亦佳。（巨門在丑、未宮居陷是同巨同宮）兄弟宮為陽巨，再加文昌、文曲、左輔、右弼者有兄弟三人。機巨在兄弟宮者，有兄弟二人，是乖違、不同心，表面還好，但不親密，思想各異之人，沒有助力。同巨在兄弟宮，有兄弟二、三人，為不同母或不同父之兄弟姐妹，不和。若兄弟宮再出現擎羊、陀羅、火星、鈴星者，為孤獨無兄弟或相剋不合之兄弟關係，皆不佳。

【解析】

※兄弟宮為巨門居廟時，有兩種情形，一種就是兄弟宮為陽巨同宮，你是天相居陷坐命卯、酉宮的人。一種就是兄弟宮為機巨同宮，你是紫相坐命辰、戌宮的人。這兩種兄弟宮，前文已有詳述，不再贅言。

※兄弟宮為巨門單星居旺時，也有兩種情況：一種是巨門在子、午宮為兄弟宮，你是天相坐命丑、未宮的人。另一種是巨門在巳、亥宮為兄弟宮，你是廉相坐命子、午宮的人。上述這兩種兄弟宮都表示：你有是非多、精於口才、辯論的兄弟姐妹，彼此愛鬥嘴，愛競爭，不算和諧。只有共同利益出現時會相互幫助，一般時間是爭鬥不停的。

△兄弟宮在辰、戌宮居陷時，你是天相坐命巳、亥宮的人。你出身的環境複雜，會有同父異母或同母異父之兄弟姐妹，彼此相處惡劣，爭鬥更凶。不同住為佳。（兄弟宮為機巨、同巨、陽巨者，前文已有述及，請參看。）

# 天相星

## 【原文解釋】

天相單星居得地之位以上的旺位，包括居廟者，有兄弟二、三人。彼此和睦，互有助益。但有刑殺之星同宮，如羊、陀、火、鈴、空、劫同在兄弟宮中者，無兄弟。兄弟宮為紫相同宮者，有兄弟三、四人。有武相同宮者，有兄弟二人。有廉相同宮者，有兄弟二人，凡上述紫相、武相、廉相再加羊、陀、火、鈴、空、劫、化忌在兄弟宮者，為孤單一人，無兄弟。

## 【解析】

※天相為單星居廟在丑宮為兄弟宮者，你是同梁坐命寅宮的人，你有非常好的兄弟運，互為助力，兄弟是溫和、能幹，會做事的人，彼此感情佳。天相在未宮為兄弟宮居得地之位，你也是同梁坐命的人，兄弟相處和諧，但助力稍差，仍是有。

△天相在巳、亥宮居得地之位為兄弟宮者，你是天梁坐命子、午宮的人，兄弟姐妹相處愉快，但助力不算太大，亦是有。

△天相在卯、酉宮居陷為兄弟宮者，你是機梁坐命辰、戌宮的。你的兄弟姐妹有二、三人。彼此相處尚好，但無助力。他們都是能力較差之人，對你無法有幫助，且不同心。

△凡兄弟宮為有天相星，無論單星或雙星，再加羊、陀、火、鈴、空、劫者，主孤單一人，無兄弟。

（兄弟宮為紫相、武相、廉相者，請看前面敘述）

## 天梁星

### 【原文解釋】

兄弟宮為天梁居廟、居旺時，為兄弟二人，相處和順，彼此有助益。且有長兄能照顧你。若有超過二人以上的兄弟姐妹，則為同父異母或同母異父之兄弟姐妹，就會不和、多是非了。兄弟宮為同梁時，有兄弟三人。兄弟宮為天梁居陷時，無兄弟。兄弟宮為機梁時，有兄弟二人。凡上述兄弟宮中再有羊、陀、火、鈴、地劫、天空同宮者，兄弟數目會減少。

【解析】

※兄弟宮在子、午宮為天梁居廟時，有兄弟二人。你是廉殺坐命的人，兄弟間感情好，會相互照顧。但兄弟超過二人以上，即是不同母、不同父之兄弟，便相處不佳、不來往。兄弟有二人時，你的兄弟會在事業上有好名聲，走官途，或在學術、法官、律師等高尚職業中發展，是一個名重於利的人。

△兄弟宮為天梁居陷時，你是七殺坐命子、午宮的人，你沒有兄弟，但和朋友相處和諧，會親如兄弟一般，只是無助力。

（兄弟宮有同梁、陽梁、機梁者，請看前文敘述。）

## 七殺星

【原文解釋】

兄弟宮有七殺星時，主其人為孤獨的人，有刑剋兄弟之嫌。七殺在子、午、寅、申等宮為獨坐為兄弟宮時，有兄弟三人，不和睦，亦無助力。適宜各自發展，不同住為佳。若兄弟宮中再有文昌、文曲、左輔、右弼時，兄弟會多一點，彼此會有照顧，較好。

【解析】

※兄弟宮是七殺在寅、申宮時，你是天同坐命卯、酉宮的人，會有兄弟姐妹三人，彼此性格不合，不能交心、談話，沒有助力。你的兄弟是性格剛硬、凶猛之人，你很怕他，少惹他為妙。

△兄弟宮在子、午宮為七殺居旺時，你是空宮坐命有日月相照的人。你的兄弟姐妹也是性格和你不合，你很怕他的人。

△兄弟宮在辰、戌宮為七殺居廟時，你是天機坐命巳、亥宮的人。你的兄弟性格剛直、強悍，你很怕他，和他不合，沒有助力。

※凡兄弟宮為七殺單星，再加文昌、文曲、左輔、右弼時，兄弟間的關係會好一點，也能有助力了。

（兄弟宮為紫殺、廉殺、武殺者，請看前面敘述。）

# 破軍星

## 【原文解釋】

兄弟宮為破軍居廟時，會有兄弟三人，兄弟宮為破軍居陷，再加煞星，為孤單無兄弟。兄弟宮為武破同宮，有兄弟二人。兄弟宮為紫破同宮，有兄弟二人。兄弟宮為廉破同宮，有兄弟一人。再有文昌、文曲、左輔、右弼出現在兄弟宮者有弟三人。尚可和睦，無助力。上述兄弟宮中有羊、陀、火、鈴、劫、空進入者，為無兄弟，孤單一人。

## 【解析】

※兄弟宮為破軍居廟在子、午宮者，有兄弟三人。你是天機坐命丑、未宮居陷的人。兄弟不和睦，兄弟是行為態度放蕩不羈的人，和你個性不合，也無助力。

△破軍在寅、申宮為兄弟宮，你是空宮坐命，有陽梁相照的人，會有兄弟三人。但彼此不同心。他們是性格剛毅、善變，好爭鬥的人。

△破軍在辰、戌宮居旺在兄弟宮時，你是天同居廟坐命巳、亥宮的人。你的兄弟和你不同心，且是消耗你財祿很多的人，彼此無助力。

※兄弟宮有廉破同宮和昌、曲、左、右者，有兄弟三人。彼此和睦，你是空宮坐命有機梁相照的人，兄弟姐妹的文化程度與成就能力也不高，較窮，無法在錢財方面幫助你。

（兄弟宮為紫破、武破、廉破者，請看前文敘述。）

## 文昌、文曲

### 【原文解釋】

兄弟宮有文昌、文曲時，無論在那一個宮位都有兄弟三人。只是在寅、午、戌三宮居陷時，無助力。而且兄弟的外表較粗俗、文化層次不高。有羊、陀、火鈴居廟旺同宮時，不相剋，但無助力。彼此不來往。兄弟宮有昌、曲加居陷的羊、陀、火鈴時，為孤單一人，無兄弟。加劫、空時，兄弟全無。

## 左輔星

### 【原文解釋】

兄弟宮有左輔星出現時，會有兄弟三人。若左輔與天同、文昌、文曲同宮在兄弟宮，會有兄弟四、五人。若再加羊、陀、火、鈴同宮，有兄弟二人，減半。有天空、地劫與左輔同宮在兄弟宮時，不和睦，無助力。

## 右弼星

### 【原文解釋】

兄弟宮只有右弼單星出現的，有兄弟三人。兄弟宮有右弼與天府、天相、紫微、文昌、文曲這些吉星一起同宮的，會有兄弟四至五人。倘若有擎羊、陀羅、火星、鈴星進入兄弟宮，則兄弟運不佳，是不和睦，也缺乏助力。

【解析】

※右弼星和左輔星一樣，同樣是助善也助惡的。倘若它與吉星同宮，便助善。兄弟多，且相親相愛、有助力。倘若與刑星、煞星同宮，便助惡。兄弟少，且有刑剋不和，沒有助力。

## 祿存星

【原文解釋】

兄弟宮有祿存星進入時，會有兄弟一人，與吉星同宮時，會有善良的兄弟，生活小康。其助力是保守不大的。若祿存與空、劫、火、鈴同宮在兄弟宮，則會與兄弟相互剋害，而招至怨恨。

【解析】

※祿存這顆星有保守、吝嗇之象，而且它跟隨財星居廟、居旺同宮，財祿、財富會很大。倘若單星獨守，或是和陷落的星，或不主財的星同宮時，財祿也不大。祿存在兄弟宮出現時，和吉星同宮表示有兄弟一人，會有老實、忠厚、保守，善良的兄弟。且要看同宮的星曜是那一類的星曜，才能決定相助的助力是什麼?但是祿存是小氣財神，在金錢上的助力是很小的。同時也表示兄弟是吝嗇之人。祿存與火星、鈴星、劫空、化忌同宮時，會因為小氣吝嗇而招怨，彼此有衝突、不和，自然沒有助力了。

## 擎羊、陀羅

【原文解釋】

兄弟宮有擎羊或陀羅居廟單星在兄弟宮時，有兄弟一人。倘若與多個吉星同宮，會有兄弟二、三人。擎羊、陀羅居陷單星在兄弟宮時，沒有兄弟。

【解析】

※擎羊、陀羅在丑、未、辰、戌四宮為居廟位。有兄弟一人。並且兄弟是凶悍、陰險，有機謀的人，兄弟間爭鬥多，常有衝突、不和。擎羊在子宮、午宮、卯宮，酉宮居陷，若是兄弟宮在這四個宮位獨坐，則沒有兄弟，與朋友的交情也不好。陀羅在寅、申、巳、亥四個宮位也是居陷位的，倘若兄弟宮在寅、申、巳、亥四個宮位中有陀羅星獨坐，也無兄弟，並且朋友運也不佳。

## 火星、鈴星

【原文解釋】

兄弟宮有火星居廟，再有吉星同宮者，有兄弟一、二人。如果兄弟宮是火星加廉貞、七殺，破軍，會有孤獨一人，無兄弟的現象，這也是刑剋造成的。

兄弟宮有鈴星居廟，再有吉星同宮者，會有兄弟一、二人。若兄弟宮是鈴星，再加羊、陀、空、劫同宮者，兄弟全無，孤獨一人。

【解析】

※在原文中，提到『火星加廉貞、七殺、破軍、鈴星同宮』，孤剋。在鈴星的部份，提到『鈴星加羊、陀、火星、天空、地劫，兄弟全無』。此處有錯，因為火星是不會和鈴星同宮的，倒是會在臨宮出現，或相隔幾個宮位。

※當火星在兄弟宮出現時，表示兄弟的脾氣暴躁、衝動。兄弟間爭鬥多，彼此不和睦。兄弟是急躁、沒理性，不太用腦筋思考的人。

※當鈴星在兄弟宮出現時，表示兄弟的脾氣也是急躁、不安，容易衝動型的人，但是會用腦筋思考，會想一些怪點子來鬥爭的人。

## 斗君

【原文解釋】

每逢斗君在逢到兄弟宮時，若逢到吉星，則兄弟間有一年和睦生活，相親相愛。若逢到煞星，並不見得兄弟間一定有刑剋，只是主這一年，兄弟間

有爭鬥之事罷了。

【解析】

※斗君指的是子年斗君，專管一年之吉凶。每個人的命盤中都會有子年斗君，這是以生月和生時交錯排出來的，《請參看『紫微斗數全書詳析上冊』中、安子年斗君表》，倘若你是正月子時生的人，子年斗君就在子宮。每逢流年兄弟宮逢到子宮，在子宮中有吉星的人，兄弟手足間便有一年之吉順、安和。若子宮中有煞星存在，則兄弟間有爭鬥的情形。

# 2. 諸星在第三宮——夫妻宮

## 【原文】

### 三妻妾

紫微晚聘，諧老性剛。天府同，諧老。天相同，年少。破軍同，剋刑，加羊、陀、火、鈴亦刑。貪狼同，有吉星免刑。

天機宜年少剛強之妻可配，夫宜長。加羊、陀、火、鈴主生離，晚娶吉。天梁同，宜年長。太陰同，內助美容。

太陽廟旺遲娶吉，早娶剋，因妻得貴，與天梁同，加左、右招賢明之妻。太陰同，內助。巨門同，無羊、陀、火、鈴、空、劫不剋，有此四殺及空劫定剋。遇耗非禮成婚。

武曲背剋宜遲娶，同年夫婦也相當。加吉星因妻得財，凶星因妻去產。貪狼同，招遲。無刑、七殺同，剋二、三妻。加羊、陀、火、鈴、空、劫更剋。

天同遲娶諧老，夫宜長妻宜少。加四殺欠和生離。巨門同，加四殺亦剋。太陰同，內助美容。天梁同，極美夫婦。

廉貞三度作新郎，即貪狼同，愈剋。七殺同，亦刑，且欠和。加羊、陀、火、鈴主生離。天府諧老，性剛者無剋。

太陽相生寵愛，夫主貴。見羊、陀、火、鈴、空、劫，遲娶免刑，晚娶得諧老。

## 【原文解釋】

### 紫微星

夫妻宮有紫微星時，會結婚晚，配偶是性格剛強，有些霸道、高高在上，外表厚重尊嚴的人，會和諧到老。紫微、天府同宮在夫妻宮時，會白首諧老。夫妻宮有紫微、天相同宮時，會早結婚或嫁娶年紀比自己小的配偶。夫妻宮有紫微、破軍時，夫妻間有刑剋，會離婚，或配偶早亡。若再加擎羊、陀羅、火星、鈴星在夫妻宮的人，亦是有刑剋。夫妻宮有紫微、貪狼同宮時，再有吉星如昌、曲、左、右等星，即可免去刑剋。

## 【解釋】

※夫妻宮為紫微單星時，你是破軍坐命寅、申宮的人。夫妻宮在午宮的人，比在子宮的人夫妻運更好。因為紫微在午宮居廟的關係。會嫁娶到長相氣派，稍有地位、性格剛強，喜歡高高在上，但外表厚重、有尊嚴，喜歡指使別人的人。但是配偶會在很多小事上不與你計較，因為他愛面子，不喜歡吵架。夫妻倒是可和諧到老。

△紫微、文昌在夫妻宮時，在子宮，會有長相秀美、端莊、氣派的配偶，文質彬彬、文化層次高，人也精明強幹。在午宮、配偶是長相氣派，有威望，但不夠秀氣、精明的人。夫妻間皆可安祥白首。

△紫微、左輔、右弼同在夫妻宮時，你的命宮中也會有另一顆右弼或左輔星，表示你很有合作精神，夫妻間能相互合作，可共創富樂家園。你的配偶也對你恩愛尊重，夫妻運特佳。但仍小心會離婚。

△紫微、擎羊在夫妻宮時，因擎羊是陷落的。你的配偶外表莊嚴、氣派、穩重、心機很深，彼此觀念上有一些事情是讓你非常頭痛的，常會因小事而相互計較、暗自爭鬥。但是你表面上是不願意曝光給朋友親友看到，仍想維持好的夫妻關係給親友們

看。你的配偶會有尖尖的下巴和銳利的眼神。

△紫微、火星或鈴星同在夫妻宮時，你的配偶是外表厚重、端莊、尊嚴，但脾氣暴躁的人，說話很沖、直接、命令式的，會讓你受不了，算是有刑剋，只要你能忍受，便無大礙。

△紫微、地劫或天空同宮時於夫妻宮時，你的財帛宮會有另一顆天空或地劫星。其實你這種破軍坐命寅、申宮的人，命中最尊貴的星就落在夫妻宮，表示你的人生歷程是以婚姻家庭為重的人。婚姻好、事業也會稍具，錢財就不錯了。但是夫妻宮有劫空的人，財帛宮也會有另一個劫、空，表示你內心感情的價值觀是重名、不重利的，也搞不清楚自己的人生方向，可能晚婚或不婚，以至於也沒有財祿進帳。

## 夫妻宮爲紫府

※夫妻宮為紫微、天府同宮時，你是貪狼坐命辰、戌宮的人。你的配偶就是你最大的財庫。你一定要早點結婚，以免浪費了天賜命格中最佳的人生機會。（此命格的人多半晚婚）你會嫁娶到長相端莊、俊美、為人正派、一板一眼，循規蹈矩之人。並且，配偶是家世好，具有家財之人。結婚後，你的財富會呈現倍數級的往上增加。因為貪狼坐命的人，愛花錢，又不會理財，要靠配偶來為他守財、存錢，才得以致富。

△有紫府、文昌在夫妻宮時，在寅宮，配偶是多金、有地位之人，但氣質不算好，文化水準不高。在申宮，配偶是長相美麗，穩重、端莊、氣質佳，文化層高的人，同

時也很精明幹練。夫妻情深。

△有紫府、文曲同宮在夫妻宮時，在寅宮，配偶是口才稍遜，才藝不高，但多金、有地位之人。在申宮，配偶是口才特佳，才藝多、長相美麗、氣質好，有才幹之人。

△紫府與左輔或右弼同在夫妻宮時，你會在財帛宮另有一個右弼星或左輔星。表示夫妻間相互為助力，彼此情深義重，配偶會給你最大助力，幫助你得到財富。但是你還是會有離婚的問題出現。

△紫府與陀羅同宮時，表示你自己的內心智慧不高，同樣選到的配偶也有點笨，但財力還是很雄厚，夫妻間仍能和樂相處，常有小磨擦。

△紫府與火星、鈴星同宮時，表示會嫁娶到脾氣不佳的配偶，彼此容忍，仍有祥和的婚姻。

△紫府與地劫、天空同宮時，表示你的官祿宮有另一顆天空或地劫。你會非常晚婚或不婚，事業也是一場空，再努力也無法突破，賺不到很多的錢財。

## 夫妻宮爲紫相

※夫妻宮為紫微、天相同宮，你是七殺坐命子、午宮的人。你不是非常早婚，便是非常晚才結婚。你會嫁娶比自己小很多的配偶，夫妻間很和睦，相互幫助，能成大業。有昌曲同宮，在辰宮，配偶是長相美麗、英俊、氣質佳，有文墨，有文化水準的人。在戌宮，配偶的文化水準不算很高，長相端莊，並不特別美麗，而且精明度也有差別。有左輔、右弼同宮時，在你的官祿宮中也會有另一個右弼或左輔，表示你會有

賢內助，並會在事業上幫助你成功。夫妻和樂，但並不表示不會離婚，而且仍會有離婚跡象。

△夫妻宮有紫相和擎羊同宮時，表示配偶是表面溫和、理智的人，但內心有些奸詐、小氣、計較。夫妻間常有齟齬、不愉快、不夠詳和。夫妻宮有紫相、陀羅時，表示配偶是長相端莊，但性格有些劣質，並且有些笨的人。夫妻宮有紫相、火星或鈴星時，配偶是脾氣不好，有刑剋衝突之人，不和睦。夫妻宮有地劫或天空時，你的命宮中也會有另一顆天空或地劫星，表示你內心空虛，但也不喜歡有家累，並且你的金錢觀念很差，會做一些無利、無益的事情。

## 夫妻宮爲紫破

※夫妻宮為紫微、破軍同宮時，你是天府坐命卯宮或酉宮的人，你會有長相氣派、威嚴、爽朗，言行大膽又耗財的配偶，婚姻不美，會因為對金錢和人生的價值觀不太一樣而易離婚。你也容易嫁娶到長得不錯、愛出風頭的人或是再婚的人。有昌、曲和紫破同宮在夫妻宮的人，配偶是長相美麗端莊，但是命中無財，沒有賺錢能力，非常窮困的人。不但如此，他們還絲毫沒有金錢觀念，耗財很多，只會說漂亮話，但是能力很差，是靠人生活的人。有左輔、右弼和紫破在夫妻宮，配偶會在愛面子，與錢財上幫助你花費錢財。夫妻容易離婚，再娶或再嫁。

△有擎羊與紫破同宮在夫妻宮時，配偶雖長相氣派，但是陰險，又會耗財，夫妻間爭鬥嚴重，也會鬧離婚，或有生離死別。

△有陀羅同在夫妻宮時，配偶比較笨，是慢性子的人，夫妻間是私下心中暗鬥，不和諧，有刑剋。有火星、鈴星與紫破同在夫妻宮時，配偶是脾氣急躁、不安的人。夫妻間有爭鬥，有刑剋。有劫空與紫破同在夫妻宮時，你的遷移宮中會有另一天空或地劫，你會不婚，或有宗教信仰很狂熱，可能會出家。

## 夫妻宮是紫貪

※夫妻宮是紫微、貪狼時，你是天相坐命巳、亥宮的人。你的配偶會是一個長相美麗、身材很好，外型條件特佳的人。並且有氣派、穩重、威嚴的氣質，人見人愛。夫妻間性情相投，婚姻及性生活美滿快樂，而且配偶的才藝佳，讓你覺得體面光彩。

△夫妻宮中再進入文昌、文曲時，表示配偶是長相美觀，但腦筋糊塗，政事顛倒的人。

△夫妻宮中再有紫貪和鈴星、火星、擎羊、天空、地劫、左輔、右弼同宮時，會由於自己或配偶發生淫蕩之事而傷及家庭。

△夫妻宮中有紫微化權、貪狼者，配偶是支配慾較強的人，地位高，事業有成就，也喜歡享受、有貪狼化權的人，佔有慾強。配偶亦是同類之人，為人較圓滑、霸道，會隨機應變，能掌握好運。亦能事業有成就。有紫微化科或貪狼化祿在夫妻宮的人，夫妻能相互鼓勵，事業有成，較好。有化權的人，反因配偶太霸道，並不一定和睦。有貪狼化忌的人，配偶的人際關係和好運機會都較少，較不能開展。但配偶一定有專業技能，可做薪水族，平凡一生。

**夫妻宮是紫微**

※夫妻宮是紫微、七殺時，你是空宮坐命有武貪相照的人。配偶之長相氣派、穩重、性格剛強的人，做軍警業尤佳，否則也是個終日忙碌打拚、閒不下來的人。宜晚婚，夫妻間會有衝突，因彼此的速度感不一樣，配偶是慢性子，很沈穩的人，你是個行動、思想快速的人。

△夫妻宮再有陀羅、火星、鈴星、天空、地劫、左輔、右弼時，主再婚，婚姻不美。有地劫、天空同宮者，主不婚。

## 天機星

### 【原文解釋】

夫妻宮為天機星時，男子宜娶年紀輕（比自己年歲小）、性格剛強之配偶。丈夫要年長一點，女性宜嫁比自己年長多一點的配偶。夫妻宮中再加擎羊、陀羅、火星、鈴星則主有離婚或夫妻分開、離別之苦，晚婚較好。夫妻宮有天機、天梁同宮時，宜嫁娶比自己年紀大多一點的配偶。夫妻宮有天機、太陰同宮，配偶是美麗面龐的人。

【解析】

※夫妻宮為天機居廟在子、午宮時，你是空宮坐命寅宮，有同梁相照的人。配偶是長相聰明、挺拔、有機智，會做薪水族，事業上多變化奔波之人。也會有好的成就。配偶會是性格剛直的人，故夫宜年長，妻宜年少。會和諧白首。

△夫妻宮為天機居平在巳、亥宮時，你是空宮命坐有同巨相照的人。命坐未宮若是昌曲坐命的人，是『明珠出海』格的人，會娶權大勢大、官宦人家之女，可平步青雲，夫以妻貴，但配偶是聰明度不高，夫妻感情不算太和諧。夫妻宮在亥宮的人，則嫁娶一平凡之配偶，過平凡的人生。

△夫妻宮為天機落陷在丑、未宮時，你是太陰坐命卯、酉宮的人。你的配偶長得瘦弱、矮小，智慧也不高，但仍喜歡賣弄小聰明。夫妻感情不佳，時有起伏。

△夫妻宮為機陰同宮時，配偶長相美麗，身材很好，情緒多變。你是巨門坐命辰、戌宮的人。夫妻宮在寅宮的人，會有做公職、薪水族之配偶，俸祿豐厚。但事業上的變化起伏多。夫妻宮在申宮的人，配偶亦是薪水族之人，薪水少，事業起伏變化會不順。

△夫妻宮為同梁同宮時，你是太陽坐命辰、戌宮的人。你會有溫和、脾氣好，但內心

頑固之配偶。夫妻相處平淡、和諧。夫妻宮在寅宮的人。配偶會比自己年長，又能體貼的照顧自己，生活很快樂。配偶是忙碌、適合的服務業的人。夫妻宮在申宮，配偶會比自己年紀小，是愛享福、較懶又不能細心照顧自己的人，成就也差。但仍能和諧相處。

△夫妻宮是機梁同宮時，你是空宮坐命有同陰相照的人。配偶是有些小聰明、喜歡為人出主意，又不肯負責任的人。你和配偶的命中都不主財，以薪水階級，有固定收入為佳。婚姻美滿，配偶宜年長許多較好。

△夫妻宮是機巨同宮時，你是天梁陷落坐命巳、亥宮的人。你的配偶特別聰明，口才佳，但人緣不見得好。你們在婚前多波折、婚後亦多是非口舌、煩惱。但有天機化祿、巨門化祿、天機化科在夫妻宮的人，婚姻較幸福。其實你很崇拜配偶的聰明與口才。夫妻宮中有權、祿、科的人，較會有成就高，收入好，從事高地位、特殊專業技能的工作的配偶。有化忌在夫妻宮的人，配偶仍有專業技能，但成就事業較差，錢財較少。夫妻也較不和。有擎羊、火、鈴、左輔、右弼、天空、地劫同宮時，會有生離死別之現象（會離婚或配偶早亡，有刑剋。）

## 太陽星

### 【原文解釋】

夫妻宮有太陽廟旺，宜遲點結婚，晚婚吉，早結婚會相剋。夫妻宮有太陽居廟、居旺者，會因妻而得貴位。太陽居廟旺在夫妻宮，配偶會與你彼此寵愛，女子會嫁主貴之夫婿，夫婿事業運好，成就高。有羊、陀、火、鈴、劫、空在夫妻宮與太陽同宮時，要晚婚才不會有刑剋，可和諧白首。早婚會有不和，或妻早亡。

夫妻宮有太陽、天梁同宮，再加左輔或右弼，會有賢明之配偶。有太陽與太陰同宮在夫妻宮，有賢內助。太陽和巨門同宮在夫妻宮沒有羊、陀、火、鈴、空、劫同宮者，彼此不相剋，為美滿婚姻。有四殺和空劫在夫妻宮之人，一定相剋，有生離死別之苦。遇到不佳的弱運時期，會有被強暴、強制成婚情形。

【解析】

※夫妻宮有太陽居旺在辰宮時，你是天機坐命午宮的人，你會有性情豁達、開朗、事業運極佳的配偶，夫妻和樂，相互寵愛。

△夫妻宮有太陽在巳宮居旺時，你是天機坐命未宮的人，配偶也是性情好、博愛、寬宏的人，事業運極佳，夫妻相互寵愛，幸福美滿。

△夫妻宮為太陽在午宮居旺時，你是機陰坐命申宮的人。你的配偶是寬宏、性情爽朗、好相處，又能體諒你多變化心情的人，生活幸福美滿。

△夫妻宮為太陽居陷在戌、亥、子宮時，配偶為性情沈潛、穩重、內斂的人，不喜歡出風頭，喜歡躲在人後，事業運不算太順暢有起伏，但性格溫和，夫妻感情不佳。有羊、陀、火、鈴、空、劫同宮者不佳，有生離死別之苦。

△夫妻宮為太陽居廟、天梁居廟時，你是天機坐命巳宮的人，配偶是性格溫和，有大志、會做大事業，走官途，做大官之人。能得到配偶良好之照顧，配偶年紀較長，相生寵愛，一生幸福。

△夫妻宮在酉宮為陽梁時，你是天機坐命亥宮的人，配偶是心地寬廣，不計較是非，好個性之人，但事業成就平凡。你們的家庭生活和諧，有平凡的快樂。

△夫妻宮太陽、太陰同宮時，你是機巨坐命的人。在丑宮，配偶為溫柔、性情多變之人。但財祿佳，夫妻和諧，配偶也是貌美之人，陰柔氣多一點。在未宮，配偶的陽

剛氣盛一點，性情善變，以主貴為主，財祿較差，夫妻仍可和諧。

△夫妻宮為太陽、巨門同宮時，你是機梁坐命的人。在寅宮，配偶是性情開朗、寬宏，但和你常喜鬥嘴、吵不完的人。但是仍是對平凡夫妻，生活快樂。在申宮，則吵架多一點，仍可過日子。有陀羅、火星、鈴星時，配偶是脾氣暴躁愛爭鬥的人，夫妻不太和諧。有地劫、天空在夫妻宮時，官祿宮也有另一個天空或地劫，因此容易不婚，事業也不佳。夫妻宮有『羊陀夾忌』之惡格時，容易遭到強暴、挾制而缺禮成婚，或者根本就不成婚。

## 武曲星

### 【原文解釋】

夫妻宮為武曲時，夫妻會感情相背、相剋、宜晚婚，即使是夫妻出生在同年、生肖相同的，也不錯。夫妻宮若是武曲加吉星如天相、天府、文昌、文曲，會因配偶而得財主富。夫妻宮若是武曲加凶星，如破軍、七殺、羊、陀，會因配偶而失財，耗損產業。夫妻宮有武曲、貪狼同宮，要晚婚，不會有刑剋。夫妻宮有武曲、七殺同宮，會連續剋死二、三個妻子。若再有羊、陀、火、鈴、空、劫同宮，剋得更凶，會鰥寡孤獨一人。

**【解析】**

※夫妻宮為武曲單星居廟時，配偶是性格剛直、頑固的人，但多金。會做軍警職或政治人物及生意人，夫妻宮與官祿宮會形成『武貪格』，你是破軍坐命子、午宮的人。你會因配偶和事業有暴發運，一生成就大。配偶是個愛財、會賺錢的人。倘若再有火星、鈴星同在夫妻宮，夫妻感情更火爆、更差。但為雙重暴發運格，你的事業成就會更大。晚婚較好，同年所生的夫妻也不錯。夫妻宮有武曲、文昌、文曲時，配偶是文武雙全之人，有貴位。有羊、陀同宮時會刑財，不佳，夫妻感情更差。

△夫妻宮為武貪時，你是天相居陷坐命卯、酉宮的人。配偶是性格剛強，但有好運，會把握機會成功，得到大財富的人，你對他很服氣、聽從，晚婚幸福。（因夫妻宮有貪狼，一定會晚婚）有羊、陀、化忌、空劫時，彼此心靈不相通，感情不順，也會失去暴發運。有火星、鈴星同宮時，你有雙重暴發運，在丑、未年暴發。配偶是性格急躁，但有好運的人，仍能平安過日子。有文昌、文曲時，配偶有頭腦糊塗之情況，但仍有暴發運。

△夫妻宮為武殺時，夫妻運極差，會多次結婚、離婚，或配偶早逝刑剋強。再有擎羊、火星、鈴星、地劫、天空同宮時，剋得更凶，最後你是孤獨一人。你的配偶是陰險，

亦可能會殺妻、殺夫之人，夫妻間吵鬧不休、感情不佳。你是空宮坐命有廉貪相照的人。配偶也窮困無財。有武曲化忌在夫妻宮時，情況更慘，配偶有債務問題，小心害你去坐牢。配偶宜做軍警職為佳。

△夫妻宮為武破時，夫妻運不佳。配偶是窮困的人，又喜歡耗財，對錢財沒有觀念。你本身在性格上也有這種吝嗇、小氣的窮觀念。你是天府坐命丑、未宮的人。夫妻間衝突迭起，會離婚後又再結婚。你配偶是瘦型高挑的人，但始終為錢所困擾。有祿存在夫妻宮，與武破一同出現，亦不算富格。有文昌、文曲和武破同宮、配偶更窮困。

△夫妻宮為武府時，你是貪狼坐命寅、申宮的人。你的配偶之性情剛直、正派、做事踏實，很講究實利的人。配偶是多金的人，財祿很好。但並不一定是商人，也可能做大公司、大企業的主管或公職、公教人員。他給你帶來極大的財富。你會因配偶得到大財利，夫妻和樂。有擎羊、火鈴時，配偶性情較陰險火爆，財利也變小了。夫妻感情不順。有武曲化忌在夫妻宮時，配偶的錢財不順，夫妻相處有金錢上的是非糾葛。有地劫或天空在夫妻宮時，也會有另一個地劫或天空在你的財帛宮。你會因為認人不明而找到沒有錢的配偶，也可能根本結不成婚，得不到配偶帶給你的財利，自己也無財。

△夫妻宮有武相時，你是七殺坐命辰、戌宮的人。你的配偶會有平順的職業，以軍警為佳。夫妻還能平和相處。但有陀羅、火星、鈴星時，夫妻間有磨擦，多忍耐，可平順。有地劫、天空在夫妻宮時，你的官祿宮會有另一個天空或地劫星，因此你在

事業上沒有著落，也會晚婚或不婚，一切看空，不願負責任。有武曲化忌在夫妻宮時，配偶是對金錢沒有概念的人，也會有金錢困擾、是非、和賺不到什麼錢。

## 天同星

### 【原文解釋】

夫妻宮有天同星時，應晚婚可白首諧老。做丈夫的宜年紀稍長一點。做妻子的應年紀稍小一點、年青多一點才好。有羊、陀、火、鈴和天同同宮在夫妻宮者，夫妻不和，且會遠離或離婚。夫妻宮天同、巨門同宮時，再加羊、陀、火、鈴四殺星者，夫妻間也是刑剋不和的。天同、太陰同在夫妻宮中，其配偶為賢內助，又有美麗容顏。夫妻宮有天同、天梁同宮，是感情親密，婚姻美滿的夫婦。

【解析】

※天同居廟在巳、亥宮為夫妻宮時，你是日月坐命的人。你會有溫和、世故、懂得慈愛的配偶。一切都讓著你，體諒你，關係十分親密。但仍要以男方年紀稍大，女方年紀為輕，才會有幸福。有陀羅在夫妻宮時，配偶是個笨拙，頭圓圓的人，你會很嫌他，而夫妻不和。有火星、鈴星時，配偶表面溫和、脾氣火爆，夫妻也會欠和。有地劫、天空同在夫妻宮時，你會單身不結婚。

※天同在卯、酉宮居平為夫妻宮時，你是太陽坐命巳、亥宮的人，夫妻感情平淡，平順過日子。天同在辰、戌宮為夫妻宮時，你是太陽坐命午宮的人，夫妻倆為平凡的夫妻，感情平實，沒有波折。

※夫妻宮為同陰同宮時，你有外貌姣美的配偶，在子宮，妻子治家有方。在午宮，配偶的經濟狀況不富裕。但都能和諧平順。有擎羊、火星、鈴星在夫妻宮中時，夫妻間多波折，你也可能因為太計較而晚婚，不婚。你的配偶是貌美、下巴尖尖的，但心機很重，常因小事鬧脾氣，很不好侍候。你是陽巨坐命的人。

有天空、地劫在夫妻宮時，同時在財帛宮會出現另一個地劫、天空，故你會沒錢娶老婆，錢財也不易賺到或留存。

※夫妻宮為同巨時，你是陽梁坐命的人。配偶是個有小聰明、多是非、常有爭執、衝突的人，家宅不寧，不算好的夫妻宮。再有羊、陀、火、鈴在夫妻宮中與同巨同宮，

主與配偶有生離死別之狀況，流年不利逢到夫妻宮，你或配偶其中一人會自殺身亡。

※夫妻宮為同梁時，你是太陽坐命辰、戌宮的人。配偶溫和姣美，在寅宮有才藝，有幫夫運，在申宮較懶愛享受，對你沒有助益。但都可建立幸福家庭，夫妻感情親密。若有陀羅、火星、鈴星同宮，則主失和。有地劫、天空同宮，不婚。有文昌、文曲同宮，主因配偶而獲得錢財。



## 廉貞星

### 【原文解釋】

夫妻宮有廉貞星時，會三度作新郎，會結三次婚。廉貞與貪狼同宮在夫妻宮，刑剋嚴重，夫妻不和。廉貞與七殺在夫妻宮，也夫妻不和，有刑剋。再加擎羊、陀羅、火星、鈴星同宮者，主與配偶遠離。廉貞、天府在夫妻宮中時，夫妻能白首偕老。既使配偶脾氣硬一點也不會相互剋害。

【解析】

※夫妻宮有廉貞居廟獨坐時，你是破軍坐命辰、戌宮的人。你本身個性就很強，廉貞又是桃花星，在夫妻宮中，代表邪淫，容易有桃花事件引起家庭糾紛，因此有三度婚姻也就不稀奇了。有陀羅在夫妻宮中出現時，就是『風流彩杖』格，會因邪淫事件，傷風敗俗而遭災。有火星、鈴星在夫妻宮時，配偶為強悍、火爆之人，容易走黑道。其本人也會是個心術不正的人。有文昌同宮時，在申宮，其配偶會是個富而好禮的人，而且有學術修養。在寅宮，配偶較粗俗。有文曲時，配偶是個油滑、善欺騙的人。

※夫妻宮為廉貪時，你是天相坐命丑、未宮的人。夫妻間爭吵打架無寧日，有幾次生離死別之現象。配偶是行為不端、無恥之徒，夫妻關係惡劣。同時你本人的內心中也會有不善良、好淫慾的感情。你會有不倫的婚姻關係。或與人有私情、性關係。

※夫妻宮為廉殺時，你是空宮坐命有紫貪相照的人。你的配偶最好是軍警人員。否則也必須到外地工作，否則刑剋嚴重，不和睦。你的桃花重，會引起配偶的嫉妒，再有擎羊、陀羅、火、鈴星在夫妻宮中時，會找到陰險凶惡的配偶。小心會被配偶謀害。

※夫妻宮為廉府時，你是貪狼坐命子、午宮的人。夫妻間有相同之嗜好，喜歡應酬，做人際關係。夫妻能和睦相處，感情親密。若有左輔、右弼同宮，則會離婚。有羊、陀、火、鈴同宮，不和，有生離死別之現象。有文昌、文曲同宮，會由配偶處而得

到財富。配偶是長相白淨、身材高，穩重的人。

※夫妻宮為廉相時，你是七殺坐命寅、申宮的人。你的配偶是智慧不高，但很老實、勤奮的人。並且體貼、善良、做事能力強。有廉貞化忌時，主配偶頭腦不清，脾氣古怪，人緣不佳。有左輔、右弼時，婚姻多波折，會再婚。

※夫妻宮為廉破時，你是天府在巳、亥宮坐命的人。你會多次更換配偶，且有與人同居而不結婚之現象，配偶長得醜，言行舉止粗俗，為市井小民，也不講究穿著，知識較低落，也沒有道德觀。同樣在你的內心中也是個離經叛道、反叛世俗的人。

## 【原文】

太陰入廟男女皆貴美夫婦。加昌、曲極美。加羊、陀、火、鈴、空、劫、耗、忌不剋，主生離。太陽同，諧老。天同同，內助。天機同，美好，宜少年。

貪狼男女不得美，三次作新郎，入廟宜遲娶。廉貞同，主剋。加羊、陀、火、鈴主生離。紫微同，年長方可對。

巨門宜年長，定剋欠和。太陽同，無四殺加，諧老。天機同，內助美貌。天同同，性聰之妻白頭。加羊、陀、火、鈴、空、劫，定剋二妻或主生離。

天相貌美賢淑，夫宜年長親上成親。紫微同，諧老。武曲少和。廉貞同，入廟免刑。加羊、陀、火、鈴、空、劫刑剋。

天梁妻宜大，美容。天同同，和氣。天機招美淑。加羊、陀、火、鈴、空、劫乃不和順。

七殺早剋。武曲同亦剋。或遲娶免刑。廉貞主生離。加羊、陀、火、鈴、空、劫剋三妻。

破軍男女俱剋，別娶主生離。武曲同，剋三。廉貞亦剋，且欠和。紫微同，宜年長之妻。

文昌妻少內助聰明。天機、太陰同，主美容，不宜陷地。加羊、陀、火、鈴、空、劫深忌。

文曲相生會太陰諸吉星諧老。同昌、曲妻妾多。加羊、陀、火、鈴、空、劫、忌星有剋。

祿存相生無剋，妻宜年少。白頭。遲娶者，加羊、陀、火、鈴、空、劫，見截路、空亡孤單。

左輔、右弼諧老。加羊、陀、火、鈴、空、劫、貪、廉同，宜年長剛強之妻。羊、陀入廟加吉星，遲娶免刑，或欠和。陷地早剋，加日、月、巨、機、火、鈴、武、殺主生離。

火、鈴星入廟加吉無刑。陷地刑剋。

天魁、天鉞多主夫婦美麗。坐妻宮必主得妻財。加吉星同，主貴美夫婦。

斗君過度在妻宮，逢吉星妻妾美無災剋；逢惡星妻妾有災厄。又看人本命妻宮若剋妻者，為主其年刑傷妻妾，若不剋者，可斷其年有災。

## 太陰星

### 【原文解釋】

夫妻宮有太陰入廟時，無論男女皆有主貴和貌美的配偶。再加文昌、文曲，家庭美滿。再加擎羊、陀羅、火星、鈴星、天空、地劫、大耗、化忌等星，不會剋害，但會離開。夫妻宮為太陰、太陽同宮，會白首諧老。

夫妻宮有天同、太陰同宮，有賢內助。夫妻宮有天機、太陰同宮，婚姻美好，配偶長相美麗，宜嫁娶年紀輕的配偶。

## 【解析】

※夫妻宮是太陰居廟在亥時，你是同巨坐命丑宮的人。你會有長相英俊貌美、財祿豐厚的配偶。配偶會是高級公務員，或有高薪在大企業、大機構工作的主管級人物。配偶同時也是善體人意、溫柔講情意的人，夫妻和樂。有文昌、文曲在亥宮同宮時，配偶更是有口才、才藝、能幹的人，在財祿上更順利多得。夫妻間的感情更親密融洽。配偶的成就也會高很多。若有陀羅、火星、鈴星、天空、地劫、化忌等星同宮時，（因為在亥宮不會有擎羊出現，故原文有錯。太陰化忌在亥宮為『變景』，是化忌不忌，無妨礙的。）也無剋害，只是多有磨擦或遠離、不常在家而已。

**《太陽、太陰在夫妻宮者，請看前面太陽星的部份》**

**《天同、太陰在夫妻宮者，請看前面天同星的部份》**

**《天機、太陰在夫妻宮者，請看前面天機星的部份》**

# 貪狼星

## 【原文解釋】

夫妻宮有貪狼星時，無論是男命或女命，婚姻都不算美滿。會有多次婚姻，至少有三次做新郎的機會。貪狼居廟在夫妻宮者宜晚婚。夫妻宮有廉貞、貪狼同宮，主夫妻間有刑剋。再加羊、陀、火、鈴，會有一方遠離出走或離婚。夫妻宮為紫微、貪狼同宮，需配娶年紀較長的配偶，方可配對。

## 【解析】

※貪狼在辰、戌宮居廟在夫妻宮時，你是廉相坐命的人。婚姻運不佳，一生有更換幾次配偶之現象。此命的男子會為任性或品行惡劣、好賭之妻所困擾。此命的女子會為好賭、好色、行為惡劣之夫所虐待。晚婚較佳，可少過一點苦難日子。

△貪狼在子、午居旺為夫妻宮時，你是武相坐命的人。也以晚婚為宜，也容易嫁、娶到不良之配偶，遭到精神上之折磨。有貪狼化祿在夫妻宮者稍好，較會找到圓滑，具有財祿的配偶。

※凡是有貪狼在夫妻宮時，配偶都是態度閃爍不定，時冷時熱，不會把心事告訴別人，與人分享。自我保護心很強烈，也不喜歡別人管他的事，更不喜歡聽別人的八卦新聞的人。他是我行我素、怕麻煩、也害怕遇到氣氛不好的環境，會逃得很快。有時也怕負責任。因此有貪狼在夫妻宮時，其實會很晚才結婚。

※凡是夫妻宮有貪狼星的人，也代表其人內心有貪念。（因為夫妻宮也代表其人內心世界的一種想法和價值觀。）譬如說廉相的人，本命中有廉貞這顆星，貪的是政治性、自我地位的提升。因此會找能抬高自己身份地位的配偶。武相的人，本命中有武曲財星，武曲也屬政治，故武相的人貪的是財和權力。因此會找能促進自己財力和權力的配偶。紫相的人，喜歡高高在上，主權。又喜歡漂亮光鮮、愛面子。故會選擇長相美麗、氣派，肯聽自己的話，能受自己控制的人做配偶，當然再稍具地位會更好。無論如何這幾種夫妻宮有貪狼星的人，都會選擇外表美麗、身材好、體面的配偶。

**《紫貪在夫妻宮，請看紫微星的部份》**

**《武貪在夫妻宮，請看武曲星的部份》**

**《廉貪在夫妻宮，請看廉貞星的部份》**

# 巨門星

## 【原文解釋】

夫妻宮有巨門星，配偶宜年紀稍大，而且一定有刑剋、欠和睦，多是非口舌，有爭吵的情形。夫妻宮有太陽、巨門同宮，沒有羊、陀、火、鈴者可相偕至老。有天機、巨門在夫妻宮，會有貌美的配偶，對自己有助力。但是非多，婚前婚後都有波折。夫妻宮是天同、巨門同宮，會有小聰明之配偶，家中吵吵鬧鬧，亦可白頭共度。凡有巨門星在夫妻宮，再加羊、陀、火、鈴、空、劫、化忌的人，一定會刑剋，有二次婚姻，或是其中有遠離出走之配偶。

## 【解析】

※夫妻宮為巨門在子、午宮，你是同梁坐命的人。你的配偶口才好，喜歡嘮叨，凡事計較。你是個好脾氣的人，不喜歡鬥嘴、嫌煩，有家宅不寧的現象。所以你喜歡終日在外奔波，很晚才回家。夫妻間彼此有怨懟，不算和諧。

※夫妻宮在巳、亥宮為巨門時，你是天梁坐命丑、未宮的人。你的配偶也是口才好、善辯、善計較、注意小節問題、善於競爭之人。亦有家宅不寧的情形。要看你的官祿宮好不好，才能決定夫妻間的刑剋有多重。官祿宮為太陽居旺的人，刑剋輕，多半在忙祿事業。官祿宮為太陽落陷，則刑剋重，事業運不好，多半忙於家中的爭吵，家宅不寧的事了。

△夫妻宮為巨門居陷在辰、戌宮時，你是天梁坐命子、午宮的人。配偶是矮小、碎嘴、愛惹是非的人。夫妻間較冷淡，而且有爭鬥的情形。再加羊、陀、火、鈴時，夫妻間的爭鬥更凶，要小心被配偶暗害至死。

《夫妻宮爲同巨時，請看天同星的部份》

《夫妻宮爲機巨時，請看天機星的部份》

《夫妻宮爲陽巨時，請看太陽星的部份》

# 天相星

## 【原文解釋】

夫妻宮有天相星時，配偶是面貌美麗、端莊，有賢能淑德之人。做丈夫的宜年紀大一些。最可能是有親上加親的婚姻。夫妻宮有紫微、天相同宮時，可相偕至老。夫妻宮有武相時，嫁娶比自己年輕的配偶，會和睦有情。夫妻宮為廉貞、天相同宮時，天相會居廟，故無刑剋，再加羊、陀、火、鈴、空劫的，就會有刑剋不和睦的情形了。

## 【解析】

※天相單星在丑宮居廟為夫妻宮時，你是武殺坐命的人。你的夫妻運很好，會嫁娶到長相貌美，至少有一定程度的好看，脾氣溫和，很會做事的配偶。

※凡是夫妻宮是天相的人，無論是天相單星或雙星，其人的命宮中都有一顆七殺星。也就是說七殺坐命的人，都有還不錯的夫妻宮。例如七殺在子、午宮坐命的人，夫

妻宮是紫相。七殺在寅、申宮坐命的人，夫妻宮是廉相。七殺在辰、戌宮坐命的人，夫妻宮是武相。武殺坐命卯宮的人，夫妻宮是天相居廟。武殺坐命酉宮的人，夫妻宮是天相居得地之位。廉殺坐命的人，夫妻宮是天相居得地之位。紫殺坐命的人，夫妻宮是天相陷落。

※不管其人夫妻宮的天相是廟旺、是弱，其人的配偶都是溫和、聽話，很肯努力辦事學習，夫妻間有共同理想，肯攜手一同向前邁進，共同維護、創造家業的人，只是努力的程度有高低不同。

※命宮中有七殺星的人，都是腳踏實地，實幹苦幹的人，他們並不很聰明，常常用最笨最老的方法在做事。性情和思考速度都是慢半拍的。天相也有這些慢的特性，與任勞任怨的特性。他們共同都具有對某些事情堅持的頑固，所以一定會找到同類型的人、相合的人，來共組家庭。其實這也是他們聰明的地方。命宮有七殺星的人，常常會在自己周圍的關係中去觀察尋覓這種慢半拍，與自己個性相合的伴侶。最常見的就是在同學中、親戚中、親密的朋友中尋找終身伴侶了。所以他們與配偶初識時的機緣也多半在這些關係之中。在古代男子無法共同上學堂相處，因此在親戚中找對象的情況增加，所以親上加親的機會很大。至現代，他們與配偶的初識關係已成為直接的同學關係、朋友介紹等，仍然會有親上加親的關係，但已減少了。

# 天梁星

## 【原文解釋】

夫妻宮是天梁星時，做妻子的宜年紀較夫為大，並有美麗的容顏。夫妻宮有天同、天梁時，夫妻和樂。夫妻宮是天機、天梁時，配偶是美麗、賢淑的人。再加擎羊、陀羅、火星、鈴星、天空、地劫，也是不和順，有刑剋的。

## 【解析】

※夫妻宮為天梁居廟在子、午宮時，你是空宮坐命寅、申宮，有機陰相照的人。配偶是長相厚重、寬容，有威嚴的人，有長者的風範。

男子有這種夫妻宮，會娶到大自己很多歲的長妻。女子有這種夫妻宮，不是嫁給比自己年紀小很多的小男子，就是嫁給老頭子，彼此之間的年齡差距大，但可和樂相處。配偶且是貌美之人。

△夫妻宮為天梁居旺在丑、未宮時，你是天同坐命卯、酉宮的人，也有娶長妻，喜歡受照顧的情形。

△夫妻宮為天梁在巳、亥宮居陷時，你是空宮坐命有日月相照的人。夫妻間的年齡亦有差距，但你本身卻得不到良好照顧，夫妻會分離兩地，或因配偶太忙而缺乏照顧。

△夫妻宮是同梁，你是太陽坐命辰、戌宮的人。前文天同星部份已有敘述。

△夫妻宮是天機、天梁，你是空宮坐命有同陰相照的人。請看天機星的部份。

△夫妻宮是陽梁，你是天機坐命巳、亥宮的人。請看太陽星的部份。

※天梁星是蔭星，凡夫妻宮有天梁居旺時，表示你是具有慈善的胸懷，喜歡接受別人的照顧，也喜歡照顧別人的人。天梁居陷時，你不喜歡別人管你，你也不管別人。

## 七殺星

### 【原文解釋】

夫妻宮有七殺星時，是夫妻間很早就有剋害了。夫妻宮為武曲、七殺時，亦會有剋害、不和，或是晚結婚，會好一點。夫妻宮有廉貞、七殺同宮時，會有分離現象，與配偶遠離，再加擎羊、陀羅、火星、鈴星、天空、地劫，會結三次婚，連剋三個妻子。（古時醫藥不發達，妻子會早逝。）

【解析】

※夫妻宮有七殺居廟在寅、申宮時，你是武曲坐命的人。配偶是個性強悍，有點笨，思路慢半拍，但會管束別人的人。配偶很愛賺錢，只要能滿足他在金錢利益方面的貪求，夫妻感情就和諧、平順。

※夫妻宮為七殺居廟在辰、戌宮，你是紫微坐命的人。配偶性格剛強，對政治議題特別感興趣，也會對權力、地位貪求，只要利益讓他多得，哄得住他，自然也會有平順的夫妻運了。

※夫妻宮為七殺居旺在子、午宮時，你是廉貞坐命的人。配偶性格強，貪財，只要有共同富貴的夢想，好好攏絡配偶，亦可相安無事。

※夫妻宮為武殺，你是空宮坐命有廉貪相照的人。請看武曲星的部份。

※夫妻宮為廉殺，你是空宮坐命有紫貪相照的人。請看廉貞星的部份。

※夫妻宮為紫殺，你是空宮坐命有武貪相照的人。請看紫微星的部份。

## 破軍星

### 【原文解釋】

夫妻宮有破軍星時，無論是男、是女，夫妻運都是不好的，會有刑剋，不和，另外與他人結婚，主活著時就離異了。夫妻宮為武曲、破軍同宮時，會結三次婚，刑剋三個老婆。夫妻宮為廉貞、破軍同宮時，也是相剋嚴重的，夫妻不和。夫妻宮為紫微、破軍時，適合娶比自己年紀大的妻子。

### 【解析】

※夫妻宮為破軍在子、午宮居廟時，你是紫府坐命的人。你會有性格非常剛強的配偶。他可能是非常努力打拚卻賺不到什麼錢，而且耗財很多的人。紫府坐命的人，都有家宅不寧的問題，他們一生在財祿上很富裕，但人生總有一破，就破在夫妻宮，會有多次婚姻，而幾次婚姻中也會給他帶來拖累。他會養前幾次婚姻中的小孩，也會支助以前的配偶。因為紫府坐命者自己本身生活水準較高，本命多金的原故。

※夫妻宮為破軍居旺在辰、戌宮時，你是武府坐命的人。你常會因為認人不清，喜歡

爽朗豪放，和你保守性格不同類型的人，最後尾大不掉，在結了婚之後才發現兩人的生活價值觀和人生觀都不一樣，而倍嚐辛苦。最後以離婚了事。也會有多次婚姻。你的配偶是一個脾氣硬、大膽，敢說敢做，敢鬧的人，絲毫不會怕丟臉，欲達目的，不擇手段。而且他是特別耗財愛花錢的人，更讓你受不了。但最後你還是要花一筆錢才能擺脫配偶。

※夫妻宮為破軍在寅、申宮居得地之位時，你是廉府坐命的人，你的配偶是一個頑固份子，能力並不強，容易耗財，凡事無所謂，讓你很頭痛。與你的價值觀不一樣。你是個喜歡交際應酬的人，但配偶的人際關係卻不佳，實在沒助力，夫妻不和，也易離婚再嫁娶。

※凡有破軍在夫妻宮者，皆主有再婚，或未婚便與人同居，且常更換對象等現象。晚婚較好。

※《夫妻宮是武破時，你是天府坐命丑、未宮的人，請看武曲星的部份。》

※《夫妻宮是紫破時，你是天府坐命卯、酉宮的人，請看紫微星的部份。》

※《夫妻宮是廉破時，你是天府坐命巳、亥宮的人，請看廉貞星的部份。》

## 文昌、文曲

### 【原文解釋】

夫妻宮有文昌星時，會娶年紀輕，並且聰明、為賢內助的妻子。夫妻宮有文昌、天機、太陰同宮在申宮，主配偶貌美。文昌不宜在寅、午、戌為陷地，在陷地時就會有醜而粗俗的配偶了，也會不和而相剋。若再加羊、陀、火、鈴、地劫、天空，更有刑剋。

夫妻宮有文曲星居旺，和太陰與諸吉星同宮者，會夫妻相偕至老，和諧。

夫妻宮有昌曲二星同宮者其人妻妾多。（昌曲在丑宮、未宮會同宮，即生於卯時、酉時的人。）再加擎羊、陀羅、火星、鈴星、天空、地劫、化忌等星為相剋不合。

【解析】

※夫妻宮有文昌星在旺位時，配偶為賢明、美麗，有文質氣質、精明強幹之人，夫妻和樂。

在陷位（指寅、午、戌宮），配偶為長相粗俗、愚鈍、貌醜、文化程度不高之人，夫妻不和。再加羊、陀、火、鈴，夫妻間有爭鬥不和。有天空或地劫時，在寅、申宮時，命宮會有另一個地劫或天空相照，會不結婚，容易出家，近佛。

有文昌化忌時，夫妻不和，皆有是非相剋，文昌居旺化忌，配偶臉上有痣或胎記，配偶會有潔癖或其他的怪癖。你在事業上也會有起伏。文昌居陷化忌時，配偶容貌較醜，行為粗俗，穿著邋遢，你是一個無所謂的人。配偶會做低下怪異的工作。

※夫妻宮為昌曲同宮時，必在丑宮或未宮，你是生於卯時或酉時的人。配偶貌美、愛享福。同時你也是個好色愛享齊人之福的人。你會有多個妻子，或家中妻妾、婢女眾多。若再加羊、陀、火、鈴在夫妻宮者，妻妾會少一點，且有不和現象。

△凡有昌曲同在丑、未宮為夫妻宮者，家中兄弟少、朋友也少幫助，宜公職或軍警職。夫妻感情和事業為一體，缺一不可，缺一方即會有崩離塌陷，一生完矣！

# 祿存星

## 【原文解釋】

夫妻宮有祿存單星時，夫妻和睦，無剋害，做妻子的要年紀小一點。倘若晚結婚的人，夫妻宮又有火、鈴、空、劫，再有截路、空亡同宮的，主不結婚，為孤單一人。（夫妻宮中有祿存時，不會和羊、陀同宮，因為前羊後陀之故。）

## 【解析】

※祿存是祿星，逢火、鈴、空、劫、截路、空亡，為『祿逢沖破』，故無法結婚。並且祿存是孤單的星。有祿存在夫妻宮時，表示你的配偶是孤單、沈默、保守，人緣不好，不喜與人來往、交際的人。而且他是生活在自己的世界之中，自己努力工作賺取自己食祿的人，財不多，足以生活。

## 左輔、右弼

### 【原文解釋】

夫妻宮有左輔、右弼時，是可以和諧生活至老年的，但有二次婚姻的問題發生。再加羊、陀、火、鈴、空、劫，或與廉貪同宮，宜娶年紀較長，性格剛強之妻。有羊陀居廟和左、右吉星一起同宮在夫妻宮者，要晚婚，免於刑剋，也可能不和睦。左輔、右弼和陷星，如太陽居陷、太陰居陷、天機居陷，巨門、火星、鈴星、武曲居平，七殺等星同宮，主分離。夫妻不能共偕白首。

### 【解析】

※凡夫妻宮有左輔、右弼者，皆有離婚、再婚之象，左、右和吉星同宮時，會有第三者介入而有婚姻問題。左、右和殺星、刑星同宮時，會因性格不合而再婚。而有左輔、右弼在夫妻宮者，遇吉星，會對你有好的幫助，配偶為你的左右手，能在事業

上幫助你，有合作精神，聽你的話。夫妻宮有左右，逢煞星，你的配偶會在玩樂的事上幫助你、配合你，正事幫不上忙。

※凡夫妻宮有左、右時，都表示配偶有依賴的特性，性情有某些方面的軟弱，故宜嫁娶年長、剛強之人，才不會太辛苦。

## 火星、鈴星

### 【原文解釋】

夫妻宮有火星、鈴星居廟獨坐或加吉星同宮者，夫妻間無刑剋。火、鈴居陷在夫妻宮者，不和相剋。

### 【解析】

※夫妻宮有火星、鈴星居廟者（在寅、午、戌宮），配偶是性情急躁、火爆的人，做事快速，武職吉，到外地工作較吉。只要能相互適應，並無大礙。火、鈴居陷在夫妻宮時，（在申、子、辰宮），表示配偶是陰險、脾氣不好，喜鬥爭的人，成就不

佳，為黑道或混混。夫妻感情亦惡劣，你有遭災的危險。

## 天魁、天鉞

**【原文解釋】**

夫妻宮有天魁、天鉞時，表示你有美麗的配偶，並且會得配偶之財。夫妻宮有魁、鉞加吉星居旺者，表示你們夫妻是長相美麗，又主貴，事業運亦很好的夫妻檔。

## 斗君

### 【原文解釋】

子年斗君在逢到夫妻宮時，逢到吉星，會娶到美妻。已結婚的人，會配偶無災，彼此相處愉快。逢到惡星，配偶有災厄，並且自己與配偶相處艱難。還有一點要注意，就是要看其人本命中的夫妻宮之好壞。若夫妻宮不好，會與配偶相剋者（有羊、陀、火、鈴）就主其年會刑傷配偶，與配偶不和。若無相剋者，就可斷其年配偶有災厄。

# 3. 諸星在第四宮——子女宮

## 【原文】

### 四子女

凡看子女先看本宮星宿主有幾子。若加羊、陀、火、鈴、空、劫、殺、忌主生子女有刑剋。次看對宮有沖刑否，如本宮無星曜，專看對宮有何星宿，主有幾子。若善星、貴星守子女宮，必主其人生子昌盛貴顯。若惡星又同刑殺守子女宮，不是刑剋主生強橫破蕩之子。又看三方四正得南斗星多，主多生男；北斗星多主多生女。若太陽落在陽宮，主先生男。太陰落在陰宮，主先生女。專看刑殺守本宮無制化相生必然絕祀。日生最怕太陰臨，夜生最怕太陽照，此星若在兒女宮方，恐到老無兒叫。

紫微廟旺男三女二。加左、右、昌、曲有五人。加羊、陀、火、鈴、空、劫只一雙。不然偏室生者多或招祀子居長。破軍同，三人。天府同，加吉星四、五人。加昌、曲、左、右有貴子。若獨守再加空劫為孤君。

天機廟旺二人或庶生多。巨門同，一人，天梁同，在辰宮有二、三人。在戌宮女多男少，只可一子。太陰同，二、三人。加羊、陀、火、鈴、空、劫全無子。

太陽入廟男三女二，晚子貴。巨門同，三人。太陰同，五人。陷地有三子，不成材。再加羊、陀、火、鈴、空、劫只留一子送終。

武曲主一子或相生旺者多。破軍同，主刑、止刑只有一人。加羊、陀、火、鈴、空、劫絕祀、貪狼晚招二子。天相同，先招外子後親生一子。七殺同，主孤或傷殘之子。

天同廟旺五子有貴。巨門同，三人。太陰同，五人。在午宮陷地減半。天梁同，先女後男，有二子。守在申宮只可留一子送終。在寅宮加吉星有三子。加羊、陀、火、鈴、空、劫見刑剋子少送終。

廉貞一人。天府同，主貴子三人。若貪狼、破軍、七殺同，主孤。

再加羊、陀、火、鈴、空、劫全無。天相同，有二子。

天府五人。武曲同，二人。紫微同，四、五人。廉貞同，三人。加羊、陀、火、鈴、空、劫只三人。

太陰女三男二，先女後男，廟旺有貴子。陷地減半，招軟弱之子或虛花不成器。太陽同，五人。天機同，二人。天同同，五人。廟地無剋，陷宮有剋。加羊、陀、火、鈴、空、劫子少。

貪狼廟旺二人，早有刑剋。紫微同，二人。廉貞同，子少。加吉星二人。武曲同，三人。先難後易。

巨門入廟二人，先難後易，太陽同居，頭一二子易養。加羊、陀、火、鈴，子少。天機同，一人，有吉星同二人。加空、劫全無。

天相無羊、陀、火、鈴同，有二子成器。有殺，先招祀子居長，親生一二子。紫微同，加昌、曲、左、右有三、四人，武曲同，有三人。見羊、陀、火、鈴、空、劫，必剋，宜偏室生。

天梁廟旺二人，加羊、陀、火、鈴、空、劫早剋，天同同，加昌、曲、左、右吉星有三人。天機同，有二人，加羊、陀、火、鈴、空、劫全無。

七殺主孤一人之分。紫微同，再吉星有三人；見羊、陀、火、鈴、空、劫全無。縱有，不成器必強横、敗家之子。

破軍入廟三人，剛強之子。紫微同，三人。武曲同，加昌、曲、左、右有三人。廉貞同，一人，見羊、陀相生有制，無制見空、劫、火、陀少子。

左輔單居，男三女一。見紫微、天府諸吉星，主貴子。見破、殺、羊、陀、火、鈴、空、劫只二人，有也不成器。

右弼三人，加吉星有貴子，見羊、陀、火、鈴、空、劫減半。

文昌三人，加吉星更多，有擎、陀、火、鈴、空、劫，只可一子之分。

文曲廟旺有四人，陷地有二、三人，加擎羊、陀羅、火、鈴子少。

祿存主孤，宜庶出一螟蛉之子，加吉星有一人，加火星諸殺孤刑。

羊、陀陷宮孤單，加吉星廟旺有一人。如對宮有吉星多，無殺沖亦有三、四人。見耗、殺、忌在本宮絕嗣。

火星逢吉同不孤，陷宮加殺刑傷。

鈴星獨守孤單，加吉星入廟可許庶出，看對宮吉多二、三人。

魁、鉞單守主有貴子。

斗君在子女宮過度，逢吉子女昌盛，逢凶刑剋或子破家。

## 【原文解釋】

凡是要看子女的問題，就要先看子女宮的星曜主可生有幾個兒子。（古時以兒子為重，子女數中並未包括女兒。但現今子女數目少，子女數大概就是兒子與女兒的總數了。但是今人也並不一定會生那麼多的子女。）

倘若子女宮有擎羊、陀羅、火星、鈴星、天空、地劫、殺星、化忌時，則主生有子女，但與子女不和，相互有刑剋，也會子女較少。

其次要看對宮（田宅宮）是否有沖剋、刑煞的星。倘若子女宮沒有主星，就要看田宅宮有什麼星曜，才決定會有幾個子女。倘若有善星（如天機、天梁、天同、天相）、貴星（如紫微、太陽居旺）在子女宮，必定會有昌盛能主貴有強大事業、名揚四海的貴子女。子女宮中北斗星曜多的，主生女兒。

倘若子女宮中是太陽星，又落在陽宮（指子、丑、寅、卯、辰、巳等宮），則會先生男孩。倘若子女宮是太陰星，子女宮又落在陰宮（指午、未、申、酉、戌、亥等宮），則會先生女兒。

特別要看子女宮是否有刑星（羊、陀）、殺星（凶星）在宮位中，並且要看有沒有受到制化。倘若刑殺之星很猖獗，一定會絕祀、斷後，沒有子女。本人為白天出生的人，最怕太陰居陷臨到子女宮。本人為夜間出生的人，最怕有太陽居陷在子女宮中。有這種命格的人，恐怕到老年時會沒有兒子叫爹。

## 紫微星

子女宮有紫微居廟旺之位，可有子女數目為三男二女。如果子女宮再加左輔、右弼、文昌、文曲的，會有子女五人。子女宮如果加擎羊、陀羅、火星、鈴星、天空、地劫，只有一對兒女。要不然就是小老婆所生的會較多，或是先過繼一個別人的兒子來做長子，再自己生幾個兒子。子女宮有紫微、破軍同宮的，有子女三人。子女宮有紫微、天府同宮的，再有吉星（如天魁、天鉞）會有子女四、五人。若是再加文昌、文曲、左輔、右弼在子女宮的，會生貴子，將來兒子非常有出息，家大業大。倘若是紫微單星在子女宮，再加天空、地劫時，會只有一子，為孤傲之人。

## 天機星

子女宮有天機在子、午宮居廟旺，會有子女二人，或者是小老婆生的子女較多。子女宮有天機、巨門同宮時，有子女一人。子女宮是天機、天梁同宮時，在寅宮會有子女二、三人。在申宮時，是女多、男少的情形，可能只有一個兒子。子女宮是天機、太陰同宮時，會有子女二、三人。倘若再加擎羊、陀羅、火星、鈴星、天空、地劫的，全都沒有兒子。

## 太陽星

子女宮為太陽居廟，會有子女三男二女。年紀大一點所生的兒子有貴顯成就。子女宮為太陽、巨門同宮時，有子女三人。子女宮有太陽、太陰同宮時，有子女五人。子女宮為太陽居陷時，有三個兒子，是不成材的人。再加擎羊、陀羅、火星、鈴星、天空、地劫時，子女會早亡或離開，只有一子服侍終老。

## 武曲星

子女宮有武曲星時，子女有一人。倘若武曲居廟，或同宮的星也居旺，則子女數會增多。子女宮有武曲、破軍時，有刑剋不合，有祿存可止刑剋，也只有一個兒子。再加羊、陀、火、鈴、空、劫，會沒有兒子而斷後。

子女宮有武曲、貪狼同宮，很晚結婚，也很晚生子，可生二子。子女宮為武曲、天相同宮時，先會從外面過繼一個兒子過來，再親生一個兒子。子女宮有武曲、七殺同宮時，主其人有一個身上有殘缺、或殘廢的兒子，或是根本無子。

## 天同星

子女宮有天同居廟旺時，有五個可主貴的兒子。子女宮為天同、巨門同宮時，有子女三人，不和。子女宮為天同、太陰同宮時，有子女五人，子女乖巧。同陰在午宮為子女宮居陷地，子女數目會減半，與子女不合。子女宮有天同、天梁同宮時，會先生女兒，再生男孩，有二個兒子。同梁在申宮為子女宮，老時只有一個兒子送終。同梁在寅宮，再加吉星，會有三個兒子。再加擎羊、陀羅、火星、鈴星、天空、地劫時，與子女之間會有刑剋不合，而且子女少。

**廉貞星**

子女宮有廉貞居廟時，有子女一人。子女宮有廉貞、天府同宮，有子女三人，且有成就。倘若子女宮有廉貪、廉破、廉殺同宮，主只有孤單一子。再加擎羊、陀羅、火星、鈴星、天空、地劫的，沒有兒子。子女宮有廉貞、天相同宮，有子女二人。

**天府星**

子女宮有天府單星居廟時，有子女五人。子女宮有武曲、天府同宮，有子女二人。子女宮有紫微、天府同宮，有子女四、五人。子女宮有廉貞、天府同宮有子女三人。

子女宮有天府單星，再加羊、陀、火、鈴、空、劫時，子女只有三人。

**太陰星**

子女宮有太陰居廟時，會有貴子，可生二男、三女，且是先生女後生男孩。太陰居陷在子女宮時，子女數目會減少一半，而且會有懦弱、不成材的兒子。

子女宮有太陰、太陽同宮時，會有子女五人。子女宮有天機、太陰同宮，有子女二人。子女宮有天同、太陰同宮，在子女宮有五個子女。在午宮，有三個子女。

太陰居廟旺在子女宮時，沒有剋害。太陰居陷在子女宮時，就有剋害不和。再加羊、陀、火、鈴、空、劫在子女宮時，兒子少，子女也少。

## 貪狼星

子女宮有貪狼居廟旺，有子女二人。很早便有刑剋不合。子女宮為紫微、貪狼同宮時，有子女二人。子女宮有廉貞、貪狼同宮時，兒子少。如果加吉星，可有二人。子女宮有武曲、貪狼時，有子女三人。是頭胎先懷孕困難，易有流產現象，後面的子女生起來便容易了。

## 巨門星

子女宮有巨門居廟時，有子女二人。頭胎懷孕困難，後一子生起來比較容易。子女宮有太陽、巨門同宮時，是前面的一、二個兒子容易生養，後面再生的兒子不好養。如果子女宮再加羊、陀、火、鈴時，子女少、兒子少。子女宮有天機、巨門時有子女一人。若有吉星同宮，可有二人。如果有空、劫同宮，沒有子女。

## 天相星

子女宮有天相星，沒有羊、陀、火、鈴同宮時，會有二個兒子成材，將來有成就。若有殺星同宮時，會先過繼別人的兒子來做長子，自己再生一、二個小孩。子女宮有紫微、天相同宮，再加文昌、文曲、左輔、右弼時，有子女三、四人。子女宮為武曲、天相同宮，有子女三人。如有羊、陀、火、鈴、空、劫時，一定會相剋不和，會有姨太太所生的子女。

## 天梁星

子女宮有天梁居廟旺時，會有子女二人。若子女宮再有羊、陀、火、鈴、空、劫，很早便有刑剋不和，或少一子。子女宮有天同、天梁同宮時，再加文昌、文曲、左輔、右弼等吉星，會有子女三人。子女宮有天機、天梁同宮，有子女二人，再加羊、陀、火、鈴、空、劫，無子女。

## 七殺星

子女宮有七殺星時，只有一個子女的份。子女宮有紫微、七殺再加吉星，會有子女三人。若是有陀羅、火星、鈴星、天空、地劫，無子女。縱使有一子或一女，必是不成材，性格霸道蠻橫，會敗家的子女。

## 破軍星

子女宮有破軍居廟位時，有三子。為性格剛強之子。子女宮有紫微、破軍同宮時，有子女三人。子女宮有武曲、破軍同宮，再加昌、曲、左、右時有子女三人。子女宮有廉貞、破軍同宮有子女一人。再加擎羊星，能得到制化時，有兒子。沒有得到制化，又見空、劫、火、羊時，無子。

## 左輔星

子女宮有左輔單星時，有子女男孩三個、女孩一個。如果子女宮中有左輔和紫府、諸吉星同宮，會有貴顯的子女。左輔如果和破軍、七殺、擎羊、陀羅、火星、鈴星、天空、地劫同宮，有子女二人。且都是不成器的人。

## 右弼星

子女宮有右弼單星時，有子女三人。再加吉星，會有貴顯的子女。如果有羊、陀、火、鈴、空、劫同宮時，只有一個子女。

## 文昌星

子女宮有文昌單星時，子女有三人。再加吉星同宮，子女數更多。如果有羊、陀、火、鈴，子女少。

## 祿存星

子女宮有祿存星時，主孤單，可以有養子。如果子女宮有祿存加吉星同宮時，有一子。加火星或諸殺星，有孤刑、無子。

## 擎羊、陀羅

子女宮有擎羊、陀羅居陷時，主孤單，無子。再加廟旺的吉星，有子一人。如果子女宮對宮（指田宅宮）吉星多，沒有其他的沖殺，也會有三、四個子女。倘若子女宮有破軍、七殺、化忌，又和羊、陀同宮在子女宮時，絕後無子。

## 火星、鈴星

子女宮有火星再有吉星同宮，不會孤單，會有兒子。火星居陷再加煞星，會有刑傷，會無子或與子女不和。

子女宮有鈴星單星時，會孤單無子。再加居廟的吉星，會有妾室所生之子女。要看子女宮對宮（田宅宮）是否有吉星。吉星多的，有子女二、三人。

## 天魁、天鉞

子女宮有天魁、天鉞單星時，主有貴顯之子。

## 斗君

凡子年斗君在子女宮經過時，逢到吉星，便子女會運氣吉昌榮盛。逢到凶星，便會和子女有衝突刑剋，或有敗家子來破耗家產。

## 【解析】

### 紫微星

#### 子女宮為紫微

※子女宮有紫微單星廟旺在午宮時，子女數目為三男二女（此為自然數，今人並不一定會生那麼多，但算是多子的人。）其子女是長相氣派、尊貴、威嚴，未來會在政治上、走官途、公職上有表現的人。而且子女的成就高，和你的感情深厚。你是空宮坐命酉宮有陽梁相照的人。你的家教嚴明，子女也聽話、懂事，雖無家財，但未來靠子女無憂。子女宮為紫微在子宮居平時，你是空宮坐命卯宮有陽梁相照的人。因為你本身的能力差一點，子女也能教好，但成就只是一般，和你的情感也不錯。

△子女宮有紫微加文昌、文曲、左輔、右弼時，會有子女五人。有昌、曲時，在午宮，子女是長相氣派、穩重，但不秀氣，形粗之人，也不精明，仍會做與政治有關的工作。在子宮，子女長相秀氣、文質彬彬，會做公務員。有左輔、右弼同宮時，你的

兄弟宮中會有另一個右弼或左輔星，表示你的家族中很有合作精神，也許會開創家族企業，或是有子女可將你的事業發揚光大。

△子女宮有擎羊、火星、鈴星和紫微同宮時，你只有一對子女。要不然是外室所生，或是先從別人處過繼一個子女來做長子，而後才生自己的親生子女。子女宮有空、劫時，你的子女少，或有家族性遺傳疾病，身體較弱。

## 子女宮爲紫府

※子女宮為紫府時，再有吉星：天魁、天鉞，會有子女四、五人。會生貴子。子女未來會在錢財、財富上發跡很大，成為富人。有家大、業大的成就。而你是巨門坐命巳、亥宮的人，你是性格開朗，很會要求子女，家教甚嚴的人，因此子女也肯聽話，規規矩矩的按照你的教誨在做人做事。父子關係和諧。有文昌、文曲時，在寅宮，子女是不夠斯文的人，聰明度略遜。在申宮，子女是細緻、文化水準高的人，精明能幹。有左輔、右弼時，子女會相互幫忙、相互有助益，也會幫忙家中財務，父子同心，齊建家園。有陀羅同宮時，子女的聰明度打折扣，子女數稍減，有二、三人，子女中有一人與他人不和。你與子女也會稍有磨擦。有火、鈴時，子女為表面乖巧，脾氣暴躁的人，不好溝通，須有耐心才行。有天空、地劫時，你的田宅宮中會有另一個地劫、天空，故只有一子，人丁會單薄，家財不多。

## 子女宮爲紫相

※子女宮為紫相時，你是空宮坐命有日月相照的人。你會有溫和乖巧，長相氣派、穩重的子女，會在公職或專業技術方面有大成就，也會從政。有文昌、文曲時，在辰

宮，子女相貌端正美麗、精明強幹，事業運較好。在戌宮，子女相貌還算端正、穩重，但外型粗獷，成就稍遜，仍是不錯的。父子情深，親密，有左輔、右弼時，田宅宮會有另一個右弼或左輔星，家庭和樂，互為助力，能共同振興家業。有羊、陀、火、鈴、空、劫時，父子之間稍為不能溝通，但無大礙。有過繼別人之子為長子，再親生二子之現象。有空劫時，你的兄弟宮中會有另一個地劫、天空，表示你與兄弟、子女皆不親，兄弟、子女也少，家中人丁不旺。

## 子女宮爲紫貪

※子女宮為紫貪時，你是天梁坐命子、午宮的人，會有子女二人。你本身的男女關係有紊亂現象。子女會為不同母所生。他們是長相氣派美麗，很會察言觀色、圓滑的人。未來也會在政治圈中發展。但親子關係不睦。子女不會聽你的話。有擎羊、火星、鈴星、劫空時，無子，或過繼別人之子，而後再生子女。當子女宮有空劫時，你的父母宮會有另一個劫空，可見你與父母也不同心，不能溝通，也可能與父母早年分離，因此子女也會很早便離開。有貪狼化忌在子女宮時，子女的人緣差，不討人喜歡，成就也差。

## 子女宮爲紫殺

※子女宮為紫殺時，你是空宮坐命有陽巨相照的人。你的子女有一、二人。有昌、曲、左、右時有三人。你的子女很忙碌，脾氣硬，但長相氣派、威嚴、不算很聰明，會打拼，也可有成就，做武職好。有昌曲時，子女較美麗，有氣質，有人緣桃花。有左輔、右弼時，你的父母宮會有另一個右弼或左輔，故家庭中有合作的力量，子女

會幫助家庭經濟，使你過好日子，但感情並不一定很親密。有陀羅、火星、鈴星時，子女宜從武職較佳，子女脾氣不好，易惹事，要多勸導。有天空、地劫四星同宮時，無子。

## 子女宮為紫破

※子女宮為紫破時，你是太陰坐命辰、戌宮的人，子女為長相氣派，有威嚴，但言行大膽的人，可有子女三人。親子關係不合，或有生離的現象。有文昌、文曲四星同宮時，你的子女是長相美麗、氣質好，但終生沒有大財祿的人，而且會比你還窮。你們的關係是時好時壞型的。有左輔、右弼同宮時，你的子女會和你有共同的目標，但破耗仍多。

△凡是有紫破在子女宮時，子女的耗財就多，子女的物質生活都是第一流的高品質，而且子女沒有金錢觀念，花錢不痛心，讓你頭痛。

△有羊、陀、火、鈴和紫破在子女宮時，親子關係更糟，子女少，只有一、二人，但會生離死別。有天空、地劫在子女宮時。你的朋友宮有另一個劫空，你本身是個不喜歡與人多有交往的人，也不喜歡有小孩，過單身生活最好。

# 天機星

## 子女宮有天機

※子女宮為天機在子、午宮居廟時，你是天府坐命卯、酉宮的人。你的子女非常聰明，智商高，未來會做變動性高的工作。他們是頭腦靈活，具有特殊知能，會有傑出的表現。而你自己本身也是一個會享受性生活快樂的人。有此子女宮的人，也可能會有庶出的子女多個。有昌、曲同宮時，在子宮，你會有文化素質高、斯文、精明能幹的子女，成就也高。在午宮，你的子女不夠清秀，形粗，也不精明，成就是另一方面的。有左輔、右弼在子女宮時，你的兄弟宮會有另一個右弼或左輔星，你會匯聚家族力量，在你的工作或生活中形成良好的團結力量，把你自己的生活過得更好。也可輔助你的事業更上層樓。有擎羊、火、鈴、化忌同宮時，親子關係不和睦，彼此是非多，子女太聰明不服你，很難教養，會讓你頭痛。有空、劫同宮時，你家中可能都是單傳獨子的狀況，你和小孩的身體都不太健朗。

※子女宮為天機在丑、未宮居陷時，你是貪狼坐命辰、戌宮的人。親子關係很差，你的聰明和小孩的聰明，層次和方向都不一樣，你完全不瞭解他，隔閡很深。小孩應給別人帶養，才會養得好，自己帶養，又辛苦又教養不好。有文昌、文曲和天機同在丑宮或未宮時，你的子女是人緣好、氣質佳，長得漂亮，又有些小聰明的人。他們未來在文質性工作上有發展。有左輔、右弼和天機同宮在丑宮或未宮時，你的小

孩是聽話乖巧，未來會有成就的人。而且會幫助你，完成你的心願。有擎羊、陀羅、火、鈴、化忌時，你和子女相剋不和，會無子，即使有一子，也會離開。

※子女宮為天機居平在巳、亥宮時，你是破軍坐命寅、申宮的人。你和子女間感情起伏很大，有時好，有時壞，並且時有暗潮爭鬥。有昌曲同宮時，在巳宮，會有長相端莊美麗的子女，但感情起伏較複雜，波折多。在亥宮，子女平凡，親子間關係冷淡。有陀羅、火、鈴、劫、空同宮時，親子間關係差，子女較笨，也會無子，或子女成敗不定。

※子女宮為機巨同宮時，有子一人。子女都是極端聰明的人，但多是非爭鬥、口角不斷，因此不和睦。但子女會在專業技能上出類拔粹。有昌曲時，子女聰明幹練，成就更好。有左輔、右弼時，你的僕役宮中也會有另一顆右弼或左輔星，會形成良好的助力，運用你的才華而成功。你是七殺坐命子、午宮的人。有羊、火、鈴、化忌時，親子關係不順，多是非口舌，子女也不聽話。子女少，也可能無子。有天機化忌是子女聰明度不足，或有怪異的想法，無法和你溝通良好。有巨門化忌時，是子女是非太多，愛說謊，親子關係不和。

※子女宮為機陰時，你是天相坐命巳、亥宮的人。你的子女長得貌美，但情緒不穩定。小時愛哭，情感變化大。長大後會做奔波的工作。有文昌、文曲時，在寅宮，相貌平凡，聰明度不算太好，且情緒更不穩定。女孩與你緣份較深、感情較親密。在申宮，子女較聰明、氣質好，但人緣較不佳，與你也不親，有左輔、右弼時，子女與你緣深。有陀羅、火、鈴時，子女與你感情不佳，緣份低，智慧也有層次上的不同。

有地劫、天空時，田宅宮也會有另一個天空或地劫，因此小孩少，可能無子。家中也無財。有天機化忌時，子女是不夠聰明又喜歡搞怪、多是非的人，與你不和，有太陰化忌時，子女是敏感度不佳，人緣不好，與家中或外面的女性都有是非的人，與你的感情也不佳。最好由你的配偶去教導他，與他溝通。

※子女宮為機梁時，你是空宮坐命丑、未宮，有武貪相照的人。在辰宮有子女二、三人。在戌宮，女多男少，只有一子。子女是容貌端正，智慧不算高，但喜歡賣弄小聰明，喜歡說話、出主意的人，還算乖巧。與父母緣份也不錯。女孩與你較親密。有文昌、文曲時，在辰宮，子女貌美、氣質好，較斯文，聰明度好，能幹。在戌宮，子女外型較粗，不聰明，也不能幹。有左輔、右弼時，你家中的教養好，子女會有向心力，一同幫助你振興家業。有羊、陀、火、鈴時，與子女不和，有刑剋，子女間有爭鬥情形，子女只有一、二人。有地劫、天空時，你的兄弟宮也有另一個空劫，故你與家中人感情淡薄，緣份低。有天機化忌時，你的子女有奇怪的想法，不聰明、又多是非，和你不和，爭執很多，會很早離開或無子。

## 太陽星

※子女宮為太陽居旺在辰宮時，你是紫破坐命未宮的人。你有子女四、五人，兒子多。你與兒子感情佳。子女是性情開朗、寬宏、不計較他人是非、博愛的人。未來也會

事業發達，或有走官途、高級公職的人。有羊、陀、火、鈴時，與子不和，不親密，子女為稍帶陰險、好鬥之人。有劫、空時，你與家中兄弟、子女，皆不親密、冷淡。

※子女宮在巳宮為太陽居旺時，你是紫府坐命申宮的人。你有子女五人，兒子多。親子關係良好。你的子女是性情豁達、博愛，有大志向的人。未來事業也很發達，會做官職，或大企業老闆。有陀羅、火、鈴時，子女聰明度略減、好鬥。你與子女間有嫌隙，子女略少，有二、三人。有地劫、天空同宮時，無子。

※子女宮在午宮為太陽居旺時，你是紫貪坐命酉宮的人。你會有子女四、五人。與子女親密。子女是性格開朗、寬宏、好相處的人。未來事業運也很好。有擎羊、火、鈴時，子女只有二、三人。會是陰險暗鬥的狀況，與你情感不佳。

※子女宮為太陽居陷時，你是紫破坐命丑宮、紫府坐命寅宮、紫貪坐命卯宮的人。會有三子，親子關係冷淡，子女是事業前途不佳的人。子女在外面男人社會中的關係也不好。

※子女宮為太陽化忌時，你與子女的關係惡劣，常有是非口舌，只有一子送終。尤其與兒子的關係最差，若是女兒會稍好一點。

※子女宮為陽梁時，你是紫微坐命的人，在卯宮，子女有五人。子女的成就高，有貴子，晚一點生，兒子出息更大。有官貴。子女是氣量寬宏、有貴人運的人，一生成就大，有大事業。在酉宮，子女有三人。事業平凡，與你還算和睦。有擎羊、火星時，子女數目會減少，與子不和，子女會是陰險多計謀，愛計較、爭鬥的人。

※子女宮為太陽、太陰的人，有子女五人。你是紫相坐命的人。在丑宮，你與女兒緣深，女兒多。在未宮，你與兒子緣深。子女是性格善變、多起伏，常有點拿不定主意的人，但都很美麗。在丑宮，子女以財經發展有成就。在未宮，子女以主貴、公職有成就。有羊、陀、火、鈴、化忌時，與子女不和，多是非，子女會減少，只有二、三人。有太陽化忌是與兒子不和，有太陰化忌，是與女兒不和。

※子女宮為太陽、巨門時，你是紫殺坐命的人。有子女三人。子女是性情開朗，喜歡吵鬧、鬥嘴，沒有心機的人。但子女間是非仍是很多，讓你煩心。親子關係還算融洽，沒有大礙，只是多花口舌管束他們而已。有陀羅、火、鈴時，親子關係冷淡，只有一子送終。有地劫、天空和陽巨同宮時，無子。

## 武曲星

※子女宮為武曲單星居廟時，你是天機陷落坐命丑、未宮的人，會有二子。相處不和睦。你的子女是性格剛直、剛硬，未來會朝向財富、經融業、政治界發展的人，也會去做軍警業，父子間緣份低。有羊、陀、火、鈴、劫、空時，狀況更差，彼此感情淡薄，且只有一子。

※子女宮為武府時，你是機巨坐命的人。你的子女會向財經界發展，未來財富很多。有三子，但彼此欠和睦，和你的關係反而好一點。有擎羊、火、鈴、劫空、化忌時，

親子關係不佳，只有一、二子。子女的財富也少，為人陰險、吝嗇。

※子女宮為武貪時，你是機梁坐命的人。有子女二人。與子女不和睦，或子女在幼小時便有死別。子女是性格剛強不聽話的人，從武職可改正。有羊、陀、火、鈴、劫空、化忌時，與子女關係更差，不相來往。

※子女宮為武破時，你是機陰坐命的人。你與子女不和，子女是性格頑固、破財多，不好養的人。未來在事業上也無發展、較窮困，做軍警職可改善，止刑。有陀羅、火、鈴、劫、空、化忌時，無後絕祀。

※子女宮為武殺時，你是天機坐命子、午宮的人。與子女不和，主孤獨無子，或有傷殘之子。亦會有智能不足之子。有羊、火、鈴、劫、空、化忌，無子。

※子女宮為武相時，你是天機坐命巳、亥宮的人。你會先從外面過繼一子為長子，以後再親生一子。親子關係還係還算和諧。子女是性情剛直、聽話，未來在事業上會從事金融業、服務業、軍警業的人，生活富足。有陀羅、火、鈴時，與子不和。有地劫、天空時，無子。有武曲化忌時，與子不和，子女無財，有財務困難。



## 天同星

※子女宮為天同在巳、亥宮居廟時，有五子，且主貴。你是陽巨坐命的人。子女是脾

氣溫和、聽話，未來會有好前途，能主貴之人，一生平順。你與子女緣深，能父慈子孝，生活愉快。有陀羅、火、鈴時，與子女稍有磨擦無大礙。有地劫、天空同宮時無子。

※子女宮為天同居平在卯、酉宮，你是破軍坐命子、午宮的人。子女有三人，乖巧、溫和，成就平凡。親子關係平和。有擎羊、火、鈴、劫、空時，相處較冷淡。

※子女宮為天同居平在辰、戌宮，你是天府坐命丑、未宮的人。子女有一、二人。子女是溫和、沒脾氣、態度懶散的人。親子關係大致還好。子女未來成就平凡。有羊、陀、火、鈴時，親子關係冷淡。

※子女宮為同巨時，你是七殺坐命辰、戌宮的人。有子女三人。子女是看起來溫和，但彼此常吵鬧不休的人。未來也是成就低，沒有工作能力的人。親子關係常有是非咀嚼，令你頭痛不已。有羊、陀、火、鈴時，子女更不成材，與你不和，情況更糟。

※子女宮為同陰時，在子宮，有子女五人，與子女親密，與女兒更好。子女是貌美，有才華、溫和，未來成就佳，有財富之人。在午宮，有子女二、三人。與子女不和，尤其與女兒不和。子女是溫和，但無財會耗財，不好養，未來成就不佳的人。有擎羊、火、鈴，情況更差。有劫空、化忌，彼此冷淡、不和，多是非。

※子女宮為同梁時，在寅宮，有二子，先生女後生男。加吉星有三子。子女是溫和、有愛心，女兒與父母緣深。為空宮坐命有廉貪相照的人。在申宮，有一子送終。與子女平和相處，無刑剋。子女成就平凡。有陀羅、火、鈴、劫空時，子女少或無子。

## 廉貞星

※子女宮有廉貞居廟時，你是天同坐命巳、亥宮的人。有子女二人。親子關係不和睦。彼此意見無法溝通，子女是態度強硬、霸道、多謀略之人。會離開發展。有陀羅、火、鈴、劫、空化忌時，刑剋激烈，非常不和，多是非、爭吵，子女未來的成就也不佳。

※子女宮為廉貪時，是同梁坐命的人。主孤剋無子，緣薄。縱有一子，也是頑劣之徒。

※子女宮為廉殺時，你是天同坐命辰、戌宮的人，會有一子，或無子。與子女關係差，緣份薄，或子女不好養、早夭。有子也不和睦。

※子女宮為廉破時，你是空宮坐命有同陰相照的人。可有一子，但親子間有剋害，緣份薄，或無子。有子女也是頑劣之徒。

※子女宮為廉府時，你是空宮坐命有同巨相照的人。有子女三人，親子關係不算融洽，其中有一個會有成就。有羊、陀、火、鈴時，只有一、二子，不和睦，相互剋害。子女為陰險、吝嗇之人。有廉貞化忌時，子女頭腦不清，有官非，會拖累你。

※子女宮為廉相時，你是天同坐命卯、酉宮的人。有二個子女，親子關係不算融洽，但子女還算乖巧，未來成就平凡。有擎羊、火、鈴、劫、空、化忌同宮時，彼此關係不和睦，子女是陰險，成就不佳，有官非，爭鬥之人。

## 天府星

※子女宮為天府居廟在丑宮時，你是巨門坐命辰宮的人，有子女五人。子女是頭腦靈活，性情和順，能孝順父母的人。親子關係融洽。有羊、陀、火、鈴、劫、空，則不和順。子女宮在未宮時，關係亦佳。

※子女宮為天府居得地之位在卯、酉宮時，子女和順，親子關係佳。你是巨門坐命子、午宮的人。有擎羊、火、鈴，則不佳。子女為聰明、乖巧，未來生活富足的人。

※子女宮為巳、亥宮為天府居得地之位時，你是陽巨坐命的人。親子關係佳。子女未來生活富足。有陀羅、火、鈴，則子女運稍差。有地劫、天空同宮，無子。

※子女宮爲武府時，請看武曲星之部份。

※子女宮爲廉府時，請看廉貞星之部份。

※子女宮爲紫府時，請看紫微星之部份。

## 太陰星

※子女宮為太陰居廟在巳、亥宮時，你是武相坐命的人。有子女五人。先生女後生男，有主貴之子女。與女兒感情尤佳。親子關係和睦。子女是善解人意，溫柔多情，懂得努力奮發，體念父母之人。未來財富鼎盛。有陀羅、火、鈴同宮時，子女少，也較不和。有劫空同宮，無子。有太陰化權，子女全在金融界掌握有地位。有太陰化祿，子女主富，為富人。有太陰化科，子女在事業上有成就。有太陰化忌，與子女不和，較冷淡，有是非，子女成就不佳。

※子女宮為太陰陷落時，子女只有一、二人或二、三人，子女為軟弱、不成材之子。你與子女較冷淡，不太和睦。尤其與女兒更不和。有太陰化忌時，與女兒有是非口舌，有羊、陀、火、鈴時，子女少，有一人，或無子。子女是財少又陰險、不成器之人。

※子女宮爲同陰時，請看天同星之部份。

※子女宮爲機陰時，請看天機星之部份。

※子女宮爲日月時，請看太陽星之部份。

## 貪狼星

※子女宮為貪狼居廟在辰、戌宮時，你是天梁坐命丑、未宮的人。會有子女二人，早婚有刑剋。子女為頑皮、任性、不聽話，有反叛心、抗拒心的小孩。你會為子女問題精神上多困擾。子女給別人帶養，或交與配偶管教較好，自己也省心，親子關係不睦。

※子女宮為貪狼居平在寅、申宮時，你是天梁坐命巳、亥宮的人。你的子女更是難教養，根本不聽你的話。由他人代為教養，反而較好。你與子女間關係不和諧。子女是頭腦活動力不強，不太聰明的人。在申宮更甚。

**※子女宮爲紫貪時，請看紫微星之部份。**

**※子女宮爲廉貪時，請看廉貞星之部份。**

**※子女宮爲武貪時，請看武曲星之部份。**

## 巨門星

※子女宮為巨門居旺時，都是頭一胎較難懷孕，或有早夭的情形。次一子較易。有二子，你會是七殺坐命寅、申宮的人，或武殺坐命的人。子女為反抗心強，親子關係不太和睦，常有是非口舌、爭吵。你自己本人的性生活，也會因無法光明正大或因不擇手段而無法享受快感和快樂。因此子女也容易是個不受歡迎的人。有羊、陀、火、鈴時，子女少，只有一人。有劫、空同宮時，無子。

※子女宮為巨門居陷在辰、戌宮時，你是廉殺坐命的人。你會太緊張小孩，或管教子女太嚴而親子不睦。你只有一子，女兒可多一人。子女間也多爭執。有羊、陀、火、鈴、劫、空、化忌則無子。

※子女宮爲陽巨時，請看太陽星之部份。

※子女宮爲機巨時，請看天機星之部份。

※子女宮爲同巨時，請看天同星之部份。

## 天相星

※子女宮為天相居廟在丑宮時，你是太陽坐命辰宮的人。會有二子，子女成材，是溫和、勤勉、端莊、穩重、長相秀麗的人。有羊、陀、火、鈴時，會先過繼別人之子來做長子，再自己生一、二個子女。親子關係不算和睦。若是妾室所生之子，可免刑剋，可和睦。

※子女宮為天相居陷時，你是空宮坐命有同陰相照的人。與子女不和睦。子女是外型粗獷、不秀麗，未來成就也不佳的人。有羊、火、鈴同宮，感情淡薄、不和，子女是喜爭鬥、陰險、無用之人。

※子女宮爲紫相時，請看紫微星之部份。

※子女宮爲武相時，請看武曲星之部份。

※子女宮爲廉相時，請看廉貞星之部份。

## 天梁星

※子女宮為天梁居廟在子、午宮時，有子女二人。你是空宮坐命有紫貪相照的人。你與子女緣深，很會照顧子女，未來子女在事業成就上有名聲。子女孝順，有特別優秀的女兒。自己在性生活上能與配偶相配合，彼此滿足。性生活愉快。有擎羊、火、鈴時，與子女不和、相剋。對子女的照顧也不佳。

※子女宮為天梁居旺在丑、未宮時，你是武曲坐命的人。你會對子女愛護倍至，一切以子女為上，照顧周詳。子女孝順、溫和，未來有成就、名聲，事業好。有羊、陀、火、鈴時，有刑剋不和，對子女照顧也差。子女的成就也會減低。

※子女宮為天梁居陷在巳、亥宮時，你是廉貞坐命的人。你對子女的照顧是太不周到了。完全放任他們自由發展，因為太忙，也無暇顧及他們的生活和心情。尤其和女兒緣薄，有二個子女。若有陀羅、火、鈴同宮時，與子女緣份更差，有一子，不和。有地劫、天空時，無子。

※子女宮爲陽梁時，請看太陽星之部份。

※子女宮爲機梁時，請看天機星之部份。

※子女宮爲同梁時，請看天同星之部份。

## 七殺星

※子女宮為七殺星時，主孤單無子，或有一子。親子關係不和，會有不成材之子，或有性格強橫、敗家之子。你是太陽坐命巳、亥宮的人，或是空宮坐命有機巨相照的人，或是空宮坐命有同巨相照的人。有羊、陀、火、鈴在子女宮時，無子絕嗣。

**※子女宮爲紫殺時，請看紫微星之部份。**

**※子女宮爲武殺時，請看武曲星之部份。**

**※子女宮爲廉殺時，請看廉貞星之部份。**

## 破軍星

※子女宮為破軍居廟在子、午宮時，你是太陰坐命卯、酉宮的人。有子女三人。親子關係不和睦。有與子女分開、背井離鄉之現象。子女是性格剛強、衝動、喜歡往外跑、不聽話、豪放、不守綱紀之人。在外會大起大落，也會耗敗家財。因此子女外出好。有羊、火、鈴同宮時，子女間爭鬥不停、不和睦，子女少，只有一、二人。

※子女宮為破軍居旺在辰、戌宮時，你是日月坐命的人。子女宮為破軍居得地之位在寅、申宮時，你是太陰坐命巳、亥宮的人，皆有耗財，敗家之子，親子不睦，有羊、陀、火、鈴時，子女少，只有一、二人。有天空、地劫同宮或相照，無子。

**※子女宮爲紫破時，請看紫微星之部份。**

**※子女宮爲廉破時，請看廉貞星之部份。**

**※子女宮爲武破時，請看武曲星之部份。**

## 左輔、右弼

※子女宮有左輔單星時，有子女三男一女。子女是乖巧、聽話，有合作精神的人。但子女幼年會交與他人帶養，再帶回來。有空、劫同宮時，子女少，不成材。

※子女宮有右弼單星時，子女有三人。是乖巧、聽話之子女，有合作精神，幼年為他人撫養，再帶回。有空、劫時，子女減少，不成材。

## 文昌、文曲

※子女宮有文昌單星時，子女有三人。文昌居旺時，子女乖巧、美麗，與父母緣深，成就好。文昌在寅、午、戌宮居陷時，子女外型粗、不美麗，與父母緣薄，成就不佳。有羊、陀、火、鈴，只有一子。不和。

※子女宮有文曲星時，廟旺有四人。居陷有三人。廟旺時，子女口才好、長相美麗、能幹，有才氣，與父母緣深。居陷時，子女口才拙劣、長相不美、沒有才藝、成就差，與父母不和。有羊、陀、火、鈴，只有一子，不和。

※子女宮為昌曲同宮在丑、未宮時，有子女三人，子女美麗、有才華、口才好，與父母情深。有羊、陀、火、鈴，與父母不和，有子一人。

※子女宮為有文昌化忌或文曲化忌在子女宮時，子女頭腦有問題，頑固不靈，有文字和口才上的困擾，與父母不和，多是非、糾紛、財運也不好。

## 祿存星

※子女宮有祿存單星時，主孤單無子。或有妾室、外室所生之子一人，或有養子。與子無緣，再加火星、鈴星、劫、空，無子。

## 擎羊、陀羅

※有擎羊單星在子女宮時，居廟時，有一人。如果田宅宮有吉星拱照，再無其他煞星，可有三、四子。子女是強横、不聽話的小孩，與父母不和，會讓你頭痛。擎羊陷落在子女宮，對宮又有破、殺之星者，會遭子女殺害。

※有陀羅單星在子女宮時，居廟旺，對宮有吉星多者，亦可有子女三、四人。對宮若無吉星，最多一人。子女是頭腦笨、不吭聲，內心險惡之人。陀羅居陷在子女宮時，對宮又無吉星，會遭子女戕害。對宮有耗、殺、化忌等星，會無子絕嗣。

## 火星、鈴星

※子女宮有火星單星入廟時，有子女一人。庶出者多，有二、三人。對宮吉星多，則不孤單，有子女。火星居陷時，對宮又有破、殺之星。無子。或子女體弱多夭折。

※子女宮有鈴星獨坐時，居廟，庶出可有一人。對宮吉星多，有二、三人。居陷時，對宮再有耗、殺之星，無子。

※子女宮有火、鈴獨坐，皆與子緣薄、不和，有不好教養之子女。

## 天魁、天鉞

※有天魁、天鉞在子女宮，子女長相漂亮、氣質好，主生貴子。

※有化權、化科、化祿在子女宮，亦主生貴子。子女有成就。

## 斗君

※子年斗君在子女宮逢到時，逢吉星，與子女和睦。逢凶星，與子女不和，或有子女敗家。

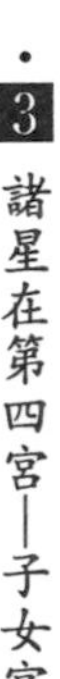

# 4. 諸星在第五宮—財帛宮

## 【原文】

### 五財帛

紫微豐足倉箱，加羊、陀、火、鈴、空、劫不旺。破軍同，先難後易。天相同，財帛蓄積。天府同，富足，終身保守。加左、右為財富之官。七殺同，加吉，財帛橫發。

天機勞心費力生財，巨門同，鬧中求取。天梁同，機關巧計生外財。太陰同，陷宮成敗。加羊、陀、火、鈴、空、劫，一生有成有敗。

太陽入廟豐足，陷宮勞碌不遂。太陰同，加左、右吉星，發財不小。祿存同，操心得財致大富。巨門同，早年成敗中未充盈。

武曲豐足，化吉有巨萬家資，無吉加，鬧中進財。破軍同，東來西去，先無後有。天相同，財帛豐盈，遇貴生財成家。七殺同，白手生財成家。貪狼同，三十年後方發財。加羊、陀、火、鈴不聚，極怕空亡。

天同白手生財，晚發。巨門同，財氣進退。天梁同，財大、旺。加四殺、空、劫，或九流人生財成家。

廉貞在申、寅宮，鬧中生財。陷宮先難後易。貪狼同，橫發橫破。見羊、火極生橫進之財。七殺同，鬧中取。天相同，富足倉箱。加耗、劫、天空常在官府中破財。

天府富足，見羊、陀、火、鈴、空、劫，有成敗。紫微同，巨積。廉貞、武曲同，加權、祿為富奢翁。

太陰入廟富足倉箱，陷宮成敗不聚。太陽同，先少後多。天機同，白手生財成家。天同同，財旺生身。祿存兼左、右同，主大富。

貪狼廟旺橫發，陷地貧窮。紫微同，守現成家計，自後更豐盈。見火星三十年前成敗，三十年後橫發。

巨門白手生財成家，宜鬧中取，氣高之人橫破。太陽同，入廟守現成家計。天機同，財氣生身，所作不一。天同同，白手成家，九流人吉。加羊、陀、火、鈴、空、劫破財多端。

天梁富足，入廟上等富貴。陷宮辛勤求財度日。天同同，白手生財勝祖，天機同勞心用力，發財不多，更改方見成家。加羊、陀、火、鈴、空、劫先難後易，僅足度日。

天相富足。紫微同，財氣橫進，武曲同，加四殺，百工生財，廉貞同，商賈生財，加羊、陀、火、鈴、空、劫、耗、忌成敗無積聚。

破軍在子、午宮，多有金銀寶貝蓄積。辰、戌旺宮亦財盛，陷宮破不積聚。武曲同，守巳、亥宮，東來西去。紫微同，先去後生，廉貞同，勞碌生財，先難後遂。加空、劫極貧。

文昌富足倉箱。加吉星財氣旺，巨門同，富。陷地加同陀、火、鈴、空財寒儒輩。

文曲入廟富足。加吉星得貴人財，加羊、陀、火、鈴、空、劫、耗、忌，東來西去成敗不遂。

左輔、右弼諸宮富足。會諸吉星得貴人財，加羊、陀、火、鈴、空、劫、耗、忌，主成敗而不聚。

祿存富足倉箱、堆金積玉。加吉，美不待勞而財自加，羊、陀、火、鈴、空、劫、耗忌先無後有。

擎羊，辰、戌、丑、未宮鬧中生財，陷地破祖不聚，終不能發達，只魚鹽污垢中生財。

陀羅鬧中生財，陷宮辛勤求財度日。加空、劫東來西去。

火星獨守橫發橫破，陷宮辛勤，加吉星財多遂志。

鈴星入廟獨守，橫發。陷地孤寒辛苦度日。

魁、鉞主清高中生財，一生遂意。

斗君遇吉其月發財，遇凶惡、空劫、耗忌星其月損財，招口舌官非，為財而起。

## 【原文解釋】

### 紫微星

財帛宮有紫微星時，其人有豐足的生活，並有倉箱積蓄，非常富足。若財帛宮再有擎羊、陀羅、火星、鈴星、天空、地劫，則錢財不旺盛，有金錢煩惱。財帛宮有紫破同宮時，是賺錢開始時很困難，慢慢才順利的情況。財帛宮是紫微、天相同宮時，會積存很多金錢。財帛宮為紫微、天府同宮時，一生富足，為富翁。但一生行為保守，再加左輔與右弼同宮，會為管理財富的官員。財帛宮為紫微、七殺同宮時，會有暴發運，能橫發財富。

## 天機星

財帛宮有天機星時，是勞碌心力，辛苦奔波，費盡力氣去賺錢。財帛宮有天機、巨門同宮時，必須在熱鬧的地方去賺錢。財帛宮有天機、天梁同宮時，其人會設下機關，或巧計來賺取意外之財。財帛宮有天機、太陰同宮時，在申宮，會有事業成敗起伏，賺不到錢。若財帛宮再加羊、陀、火、鈴、空、劫，一生起伏不定，有成功，也有失敗的地方。

## 太陽星

財帛宮有太陽居廟、居旺時，一生財富豐足，夠花用。財帛宮為太陽居陷時，是勞碌賺錢，也賺不到的。財帛宮有太陽、太陰同宮，再加左輔、右弼星時會發財（在丑宮可發財）。財帛宮有太陽、祿存同宮，其人會操勞煩心來得財，可成大富翁。財帛宮有太陽、巨門同宮時，年青時，錢財有起伏不順，至中年仍未能豐滿富足。

## 武曲星

財帛宮有武曲單星居廟時，一生豐足。有吉星或吉化星（化權、化祿、化科）同宮會有鉅萬家財，為富翁。沒有吉星同宮的，則以在熱鬧的地方進財為佳，可多得錢財。財帛宮有武曲、破軍同宮時，其人會財進財出，東來西去，無存留，也會先窮，後賺到。財帛宮有武曲、天相同宮時，會很有錢。並且可遇到貴人來生財，並建立家業。財帛宮有武曲、七殺同宮，表示其人白手起家去賺錢，比較辛苦。財帛宮有武曲、貪狼同宮，其人會在三十歲以後，有暴發運，才發財。若有羊、陀、火、鈴同宮，則錢財不易留存，更怕有空亡、地劫、天空同宮，會失去暴發運不發，沒有財。

## 天同星

財帛宮有天同星時，是白手起家去賺錢的人。會較晚才發財。財帛宮有天同、巨門同宮時，財運不好，有起伏進退。財帛宮有天同、天梁時，財富大，而且旺盛。有羊、陀、火、鈴、四殺同宮，或有天空、地劫同宮時，會以下等人生財賺錢的方法去賺錢，建立家業。

## 廉貞星

財帛宮有廉貞星，在寅、申宮居廟時，是在熱鬧的地方生財賺錢最順利。財帛宮有廉貞居陷時，會開頭賺錢很困難，慢慢才順利。財帛宮有廉貞、貪狼同宮時，會有暴發運而暴起暴落。再有擎羊、火星（此應是陀羅，不是擎羊，有錯。）極容易賺不法的橫財。財帛宮有廉貞、七殺同宮時，宜在熱鬧的地方去賺錢。廉貞與天相同宮在財帛宮時，會生活富足，有儲蓄。如果有耗星、地劫、天空同宮，則會常在官府中（政府機關或法院中）破財。

## 天府星

財帛宮有天府星，其人財祿富足。有羊、陀、火、鈴、空、劫同宮，財運有起伏成敗。財帛宮為紫微、天府同宮，會積存巨大財富。財帛宮有廉府同宮，或武府同宮，再加祿存、廉貞化祿、武曲化權，或武曲化祿的人，為富翁，可過奢侈的生活。

## 太陰星

財帛宮為太陰居廟時，會很富有，並有積蓄。財帛宮為太陰居陷時，不聚財，又財運有起伏不順。財帛宮為太陽、太陰同宮時，是開始賺錢很少，慢慢多起來。財帛宮為天機、太陰同宮時，是白手起家來賺錢生財的。財帛宮有天同、太陰同宮時，本身財多興旺，會有錢。再有祿存同宮，或再有左輔、右弼同宮，主其人為大富翁。

## 貪狼星

財帛宮有貪狼居廟旺之位的人，會有暴發運，會發財。貪狼居陷在財帛宮，會貧窮。財帛宮有紫微、貪狼同宮，是家中已有家業，而你是先守現成的家業，再慢慢擴大，以後更增多豐盛。財帛宮有貪狼、火星、鈴星同宮時，是在三十歲以前有起伏成敗，在三十歲以後有暴發運而發財的人。（此是『火貪格』或『鈴貪格』的人）

## 巨門星

財帛宮有巨門星時，你是白手起家去賺錢的人，要在熱鬧的地方去賺錢才順利。心高氣傲的人會暴起暴落。財帛宮有太陽、巨門同宮，在寅宮，是有現成家業可守的人。財帛宮是天機、巨門同宮時，會有財氣，但賺錢的方式卻不一樣。財帛宮為天同、巨門同宮時，是白手成家的人，以做低下的工作吉。再有羊、陀、火、鈴、空、劫在財帛宮時，會破財，守不住。

## 天梁星

財帛宮有天梁星居旺時，生活富足，財帛宮有天梁居廟時，有極大的富貴，可成為有權勢、地位的人。財帛宮為天梁陷落時，是辛勤努力賺錢來過日子的，比較窮。財帛宮是天同、天梁同宮時，是白手起家來賺錢，而財富超過自己祖先的人。財帛宮是天機、天梁同宮，是勞心、勞力去賺錢，而賺錢不多的人，要改變方法才能成家立業。若再加羊、陀、火、鈴、空、劫同宮，是起先困難，慢慢順利，但也僅夠糊口的生活之需。

## 天相星

財帛宮是天相星是很富足的。一生不為財愁。財帛宮有紫微、天相同宮，非常有錢，財氣都來不急擠著進來。財帛宮為武曲、天相，再加羊、陀、火、鈴時，是以做各類的工藝巧匠來賺錢生財的。財帛宮為廉貞、天相同宮時，是做大商人買賣貨物來生財賺錢的，再加羊、陀、火、鈴、空劫、大耗、化忌等星，財運是成敗起伏不定，且不聚財，沒法子留存的。

## 破軍星

財帛宮有破軍居廟在子、午宮時，其人會有很多的錢財及金銀珠寶、古董、寶貝來儲存積蓄著。財帛宮為破軍在辰、戌宮居旺時亦會財源茂盛。財帛宮為破軍居陷時（指廉破、武破），容易破財不聚財。財帛宮是武曲、破軍同宮在巳、亥宮時，錢財是東邊來、西邊去，像過路財神一般。財帛宮是紫微、破軍同宮時，是先沒有錢耗財多，慢慢才會有錢。財帛宮是廉貞、破軍同宮時，主其人會勞碌賺錢生財，是先困難後順遂的情形。若有空、劫同宮，會為非常貧困的人與文昌、文曲同宮或相照為貧窮之人。

## 文昌、文曲

財帛宮有文昌星，是富足有積蓄的。再加吉星，財氣旺，可賺很多錢。

財帛宮有文昌、巨門同宮，主富有。文昌居陷和陀羅、火星、鈴星、天空、地劫，為貧窮的讀書人為寒儒之人。

財帛宮有文曲星居廟是富足的。再加吉星會得貴人財（別人把錢給你賺）。再加羊、陀、火、鈴、空、劫、大耗、化忌，錢財不聚，東邊來，西邊去，成敗起伏不家，得財不順遂。

## 左輔、右弼

財帛宮有左輔、右弼不論在那一個宮位出現，皆富足。再有吉星同宮會因貴人得財。若再加羊、陀、火、鈴、空、劫、大耗、化忌等煞星，則會有財運起伏，不聚財，不能留存。

## 祿存

財帛宮有祿存單星時，其人是富足，有積蓄、倉庫、箱篋都裝滿金玉財寶的。再加吉星，是極美的格局，是不必勞動，便財富自己增加增多了。再加火、鈴、空、劫、大耗、化忌等星（原文此處多了羊、陀有錯。祿存不會和羊、陀同宮，因擎羊在祿存前一宮，陀羅在祿存後一宮出現之故。）是先沒有錢，然後慢慢才有錢的情形。

## 擎羊、陀羅

財帛宮有擎羊星在辰、戌、丑、未宮居廟時，要在熱鬧的地方去賺錢才會順利。擎羊在陷宮（子、午、卯、酉宮），是破耗不聚財，離開祖家，一生不能發達，只是在賣魚、賣鹽，在污垢、不清潔、低下的行業中去賺取。

財帛宮有陀羅居廟時，也必須在熱鬧的地方去賺錢才順利。財帛宮是陀羅居陷時（在寅、申、巳、亥宮），是必須辛勤努力去賺才有。如果有吉星同宮，就會好一點，財運會多一點，能達到賺錢的願望了。

## 火星、鈴星

財帛宮有火星獨守財帛宮，其人會有暴發運，會暴起暴落，火星居陷在財帛宮，賺錢很辛苦。若再加吉星，也可賺到較多的錢。

財帛宮有鈴星單星時，其人會有暴發運，會暴起暴落。鈴星居陷（在申、子、辰宮）在財帛宮時，是孤獨、貧寒、辛勤、勞苦過日子的人。

## 天魁、天鉞

財帛宮有天魁、天鉞時，主其人在清高中賺錢，一生如意，不煩心。

## 斗君

每個人在行運中遇到子年斗君恰逢財帛宮時，是吉星，則該月會發財，有財進。財帛宮是凶星、惡星，空、劫、大耗、化忌星，則該月會損失錢財，且有口舌災禍和打官司，這些都是因為錢財而發生的。

【解析】

## 紫微星

※財帛宮有紫微單星時，你是廉府坐命的人。在午宮，紫微居廟，你會做公職，有第一等的俸祿，財大業大。在子宮，你只是平常、財運普通，還不錯而已。有羊、火、鈴同宮，財運會減低，財富不多，而且不能積蓄。

※財帛宮為紫微、天府同宮時，你是廉相坐命的人。你一生保守行事，會做公職，很會存錢。手邊可運用的錢財如同國家財庫那麼多。有羊、陀、火、鈴、空、劫時，財富會減少，不聚財，不能留存積蓄。

※財帛宮為紫相時，你是廉貞坐命的人，你處心積慮在賺錢，會賺很多錢。又很會理財，財運亨通，名利雙收。有羊、陀、火、鈴、劫、空、大耗等在財帛宮中則不聚財，財富就不多了。

※財帛宮有紫貪時，你是廉殺坐命的人，你會有現成的家業來讓你守住，有衣食。中年以後，你可發揚光大，財富更豐盛。

※財帛宮有紫破時，你是廉貪坐命的人。你會在年輕時不聚財，財少。中、晚年辛苦積存，財源滾滾，但一生耗財多。有羊、陀、火、鈴、空、劫者，一生耗敗，沒有

積蓄。有文昌、文曲同宮，一生貧窮。

※財帛宮有紫殺時，你是廉破坐命的人。再加吉星昌曲、左、右等，會快速因貴人而暴發財運。不加吉星也會暴發，會慢一點，少一點。皆會有意外發跡之機緣。有陀羅、火、鈴、空、劫同宮，錢財暴起暴落速度快，無法留存積蓄。

※凡財帛宮有紫微星，再有羊、陀、火、鈴、空、劫者，皆會財不旺，且因保持體面或臉面，打腫臉充胖子，開銷大，入不敷出。

## 天機星

※財帛宮為天機居廟在子、午宮時，你是太陰坐命辰、戌宮的人。主其人白手成家，勞心費力去生財，要到晚年才會有積蓄成就。

※凡財帛宮是天機星的人，必是『機月同梁』格，是薪水族的格局，一定要有固定職業、薪金才會平順。

※財帛宮為天機居平在巳、亥宮，你是空宮坐命，有陽梁相照的人。財帛宮為天機陷落在丑、未宮，你是巨門坐命在巳、亥宮的人。這兩種財帛宮皆為財運不順，常有起伏，賺錢不易之苦。必須要有固定薪資才能平順。故做公職，有生活保障最好。一生勞碌、辛勤，錢財平順，但留存不易。有羊、陀、火、鈴、空、劫時，拮據日

子更多。

※財帛宮為天機、太陰同宮時，你是白手成家立業的人。你是天梁坐命子、午宮的人。財帛宮在寅宮者，財較旺，做公職，會有高收入。在申宮者，財少。有陀羅、火、鈴、空、劫、化忌者，財不順，常為財苦，且一生捉襟見肘。

※財帛宮為天機、天梁同宮時，你是空宮坐命有陽巨相照的人。你的財帛宮中之星曜不主財，主聰明，故你是常用腦子，設計機關、巧計向外生財的人。財運並不很順利。有羊、陀、火、鈴、空、劫、化忌時，機關巧計會成空，更是生財困難。別說儲存錢財了。

※財帛宮為天機、巨門同宮時，你是空宮坐命有日月相照的人。你必須在熱鬧、多是非、多變化的地方來賺錢，並且要運用口才、機智，才會賺很多錢。因為機巨不主財，故也要有特殊專業技能，才能有高薪。如果有擎羊、火、鈴、空、劫、化忌時，賺錢辛苦，機會少，生活也辛苦。有昌、曲、左、右同宮時，可因專業技能而得貴人提拔，有高薪而得財。

## 太陽星

※財帛宮有太陽單星居旺時，在辰宮，你是空宮坐命寅、申宮有同梁相照的人。在巳宮，你是太陰坐命酉宮的人。在午宮，你是巨門坐命戌宮居陷的人。太陽居旺在財

帛宮時，都有很好的財運。但這是做官、做公職、做企業機構負責人的薪水模式，做生意還是不太好的。你的財運順利，前途光明，會賺正派的錢、有名聲的錢。有祿存同宮時，會多操心而得到大財富和名聲。有羊、陀、火、鈴、空、劫、化忌時，則錢財耗財多，賺錢不易，賺得較少，留存也不易，多是非。

※財帛宮為太陽居陷時，其人會一生勞碌而賺不到很多錢。財帛宮在戌宮，你是空宮坐命寅宮，有同梁相照的人。在亥宮，你是太陰坐命卯宮的人。在子宮，你是巨門坐命辰宮的人。你們一生自己賺不到很多錢，必須要找命格中六親宮中最好的宮位之親人幫忙，如兄弟、配偶等來幫忙，可得財。家庭關係對你們很重要。再有羊、陀、火、鈴、空、劫、化忌時，生活更形困難。有羊、陀，流年逢財帛宮，會為無財自殺。

※財帛宮為太陽、太陰同宮，在丑宮，一生奔波，錢財多積。再加左輔、右弼，發財很大。在未宮，財運不好，應有薪水、官職高可得財。有左輔、右弼，因貴人而升級得財。有羊、陀、火、鈴、空、劫、化忌，財運不順，辛勞而無所得，只是生活之需，會貧困。

※財帛宮為太陽、天梁同宮，你是空宮坐命丑、未宮，有同巨相照的人。在卯宮，你會因讀書、考試中試，或步步高陞，職位高而得財，你也會因貴人的提攜而生財，更會因文章揚名而得財。但都必須勞心費力，才會財源滾滾。在酉宮，你是懶惰的人，財不多，操心勞力依舊，但做事的方向不對，都不是賺錢的方法，故得不到財。有擎羊、火星、鈴星、空、劫、化忌時，財運都不順，也會失去貴人運和好運，賺

錢更辛苦而少，是非更多。

※財帛宮為太陽、巨門時，你是空宮坐命有同陰相照的人。你是年輕時，賺錢有起落之勢，運好時賺錢多，運差時賺錢少，你也有暴發運在人生中，但不一定暴發，或暴發了又大起大落。至中年時期仍未能豐盈，仍是辛勞賺取生活之需，勉強度日而已。有陀羅、火星、鈴星、地劫、天空、化忌時，更困難。

## 武曲星

※財帛宮是武曲在辰、戌宮居廟時，你是紫府坐命的人。你的財運非常好，亦有偏財運、暴發運，只要財、福二宮，無煞星、無破格，可有億萬之資，有羊、陀，亦會暴發，較慢，暴發之財祿也會較小一點，也可有千萬之資。有劫空、化忌者，無暴發運，應有專業技能，在熱鬧的地方生財，才會順利。

※財帛宮是武貪同宮時，你是紫殺坐命的人。你會少年辛苦，在三十歲以後才發財。財帛宮就是『武貪格』暴發運格，有羊、陀會不聚財，有暴起暴落之象，有天空、地劫、空亡、化忌會不發。有火、鈴會有雙重暴發運。但亦有暴落快之勢。

※財帛宮是武府，你是紫相坐命的人。一生錢財順利，很會理財，有億萬之資。會有專業技能，很可能是金融、會計方面之技能。有武曲化權、化祿者更富有，賺錢快又多。有羊、陀、火、鈴、空、劫，化忌者，一生錢財不順，無法存留，只以專業

技能糊口。

※財帛宮是武相，你是紫微坐命的人。一生富足，為上等財富。而且你很會理財、小氣、財不外借，並且可遇貴人而得財，也是白手起家的人。有陀羅、火、鈴、空、劫、化忌時，財不順，得財慢而困難，多是非，應有特殊技能，做公職，可平順。

※財帛宮是武殺，你是紫破坐命的人。財帛宮就是『因財被劫』的格式、故賺錢困難，並且是白手起家，賺錢辛苦，必須以勞力、血汗來賺錢，多為工人階級，或做軍警職，職場凶險等行業為主之工作來賺錢。有祿存、化祿時，財會多一點。有羊、火、鈴、化忌時，會在陰險爭鬥的地方賺錢。有劫空時，賺錢不易，貧窮。

※財帛宮為武破時，你是紫貪坐命的人，做軍警職較佳，你有破耗的習慣，財運常不順，會拮據，時好時壞，財來財去。有祿存稍好，有衣食。有劫空、文昌、文昌同宮時，一生貧困，無財。有陀羅、火星、鈴星，會在險惡之處賺險惡爭鬥之錢財。

## 天同星

※財帛宮為天同居廟在巳、亥宮時，你是機巨坐命的人。你本命是『破蕩格』，必會白手成家，錢財有進退起伏。但做公教職、薪水族、或專業技能的工作，可有安定的高薪。有陀羅、火、鈴、劫空時，財不順，刑財。遷移宮亦要好才會有財。如遷移宮亦有劫空，或本命有天機化忌、巨門化忌者，相照遷移宮不佳，仍是財運困難。

※財帛宮為天同居平，在卯、酉宮，你是天機居陷坐命丑、未宮的人。在辰、戌宮，你是機陰坐命的人。這兩種命格的人，也都是『機月同梁』格，必須以薪水糊口，養生活命的人。因此要有固定職業為首要條件。如果有羊、陀、火、鈴、劫空時，工作時有起落，財運也不順了，就很窮困了。

※財帛宮為天同、太陰同宮時，你是機梁坐命的人。在子宮，你只要有工作就會有定期的財祿進帳，生活也會平和祥順。你在賺錢方面會用很體貼入微的方式去賺薪水，也喜歡享福，不願用勞動體力的方式賺錢，喜歡動口不動手去賺錢。在午宮，你比較操勞，賺錢少，而且必須做粗重的工作來賺錢。是辛苦而少得的。有羊、火、鈴、劫空、化忌同在財帛宮時，賺錢困難，多是非，很操勞，要有特殊技能較好。

※財帛宮是同梁同宮時，你是天機坐命子、午宮的人。財帛宮在寅宮，是白手起家，賺錢多，辛勞努力，財富會超過自己的父母輩和祖先。並且可得貴人之財。在申宮，你比較懶惰，對賺錢不積極，沒有貴人助財。故只有一般薪水的財祿，平安過日子而已。有陀羅、火、鈴、地劫、天空時，賺錢更少、更困難。

※財帛宮有天同、巨門時，你是天機坐命巳、亥宮的人。你的財運一直不好，因為你對錢財沒有敏感力，在賺錢方面智慧又不足。有固定職業，再隨財運的起伏而有進退成敗。你的『命、財、官』皆在弱位，故以平順安祥的家庭生活為主，以配偶的財運好壞為生活富裕與否的條件。

## 廉貞星

※財帛宮為廉貞居廟在寅、申宮時，你是武府坐命的人，你會用智慧、謀略和完美的計畫去創造賺錢的環境而得財，因此比較操勞。並且要在熱鬧的地方去生財會特別順利。你所得到的財富是超乎平常人很多倍所得的。有陀羅、火、鈴時會在爭鬥中得財。有劫空時，賺不到財。有廉貞化忌時，錢財上有官非，小心坐牢。

※財帛宮為廉貞、天府時，你是武相坐命的人，你會賺運用簡單的智慧就能賺到的穩定的財，一點一滴的增多，而漸漸富有。在你的賺錢方式中最重要的特點就是用人緣關係和交際應酬來賺錢了。你會廣鋪設人脈，做為日後你賺錢的路子，人緣和資訊就是你賺錢的法寶了。所以你未來是非常富足豐盈的。有羊、陀、火、鈴、劫、空、化忌時，你賺錢的法寶沒有了，人緣關係不佳，故財少。

※財帛宮為廉貪時，你是武殺坐命的人。做武職、軍警業對你有利。因廉貪俱陷落，你在賺錢方面的機會，人緣都不佳。本命又是『因財被劫』的格式，故根本不知道如何去賺錢，以軍警公職有固定薪水，對你有利。做文職必窮困。從商，會賠錢、耗財。有火星、鈴星在財帛宮時，會有小偏財，但暴落快，也易從事非法之事賺橫財。有陀羅在財帛宮，易賺有傷風化之錢財。因為財帛宮即是廉貪陀『風流彩杖』格。

※財帛宮為廉殺時，你是武破坐命的人。你也宜做軍警業，工作才不會勞苦，而有固

定薪資可夠生活。否則你會做用勞力、體力、血汗、辛苦工作，財少的工人階級。工作型態是用腦不多的苦力型工作。有羊、陀、火、鈴時，會做凶險的工作來賺錢。更容易為財而喪命。有劫空時，再努力也賺不到錢，會出家或自殺，有廉貞化忌時，因頭腦不清楚，賺不到錢，且遭至官非，有牢獄之災。

※財帛宮為廉相時，你是武曲坐命的人。你會很努力，埋頭苦幹式的努力去工作賺錢。你在賺錢上的計畫能力不好，但有對金錢的敏感力，知道賺錢的方向，慢慢的你也會很富有了。有羊、火、鈴在財帛宮同宮時，競爭多，賺錢不易。有廉貞化忌在財帛宮時，會有頭腦不清，惹官非之災。有劫空時，財少。

## 天府星

※有天府在財帛宮中時，其人都很富足，以天府在丑宮居廟為第一等的富足。天府居旺為第二等的富足。天府居得地之位，為生活上衣食的富足。有羊、陀、火、鈴、空、劫同宮時，會刑財，故一生有成敗起伏。財庫有破洞、不完美，會財少。以空劫同宮，無財，財最少。有羊、陀次之。有火、鈴較傷害小。天府在財帛宮，為辛苦，一板一眼，斤斤計較所賺之財。

**※紫府同宮在財帛宮時，請看紫微星的部份。**

※廉府同宮在財帛宮時，請看廉貞星的部份。

※武府同宮在財帛宮時，請看武曲星的部份。

## 太陰星

※太陰居廟在財帛宮時，你是陽梁坐命卯宮的人。你會賺公職工作的薪水官俸，或教書、寫作、出租房舍等的固定按月拿取的錢財。儲蓄多，是暗暗增多的財。你會再用多出來的錢去買房地產，再滾利。有陀羅、火、鈴、空劫、化忌時，財物有損，財不多。

※太陰在酉宮居旺為財帛宮時，你是天梁坐命丑宮的人。財帛宮在戌宮居旺，你是同梁坐命的人。你們賺錢的方式都是做老實的公務員或薪水族，薪水高，而漸積存，富裕的。有羊、陀、火、鈴、空、劫、化忌同宮時，耗財多，財不順。太陰財星最怕這些煞星，刑財很嚴重。

※太陰居陷在財帛宮時，財窮，其人在人際關係上很差，機會不好，沒有貴人，本命中是『日月反背』的格局，一生運程差，故財運多起伏不順。有羊、陀、火、鈴、空、劫、化忌時，更貧窮，為僧尼可無憂。

※財帛宮是太陽、太陰同宮時，請看太陽星之部份。

**※財帛宮是天機、太陰同宮時，請看天機星之部份。**

**※財帛宮是天同、太陰同宮時，請看天同星之部份。**

## 貪狼星

※財帛宮為貪狼居廟時，你是七殺坐命寅、申宮的人。你的財帛宮都是『武貪格』暴發運格，除了有劫空、化忌為不發之外，有羊、陀破格亦會暴發。一生有多次暴發機會，財富鉅萬，為富人命格。

※貪狼在子、午宮居旺時，你是七殺坐命辰、戌宮的人，財帛宮是好運星，貪狼居旺，一生在錢財上皆有好運。若再有火、鈴在財、福二宮相照，則發財機會很多，這是『火貪格』、『鈴貪格』的暴發格。有劫空、化忌時不發。有擎羊時，為破格，會慢發或不發。但皆在三十歲以後才發。

※貪狼在寅、申宮居平為財帛宮時，你是七殺坐命子、午宮的人，財運要比前兩種稍差一點，但只要寅、申宮有火、鈴進入，即可擁有暴發格，只是不能再有劫、空、化忌同宮才行。否則會不發。

**※財帛宮爲紫貪時，請看紫微星之部份。**

※**財帛宮爲武貪時，請看武曲星之部份。**

※**財帛宮爲廉貪時，請看廉貞星之部份。**

※財帛宮為貪狼，而遇破格不發時，當有特殊技能，做公職、薪水族可平順。

## 巨門星

※財帛宮為巨門居旺在子、午宮時，你是太陽坐命辰、戌宮的人，你是白手起家，一切靠自己的人，宜在熱鬧的地方生財。宜靠口才生財，在工作上競爭多，有是非口舌、爭執。但用口才多做解說可擺平。此命格的人，心高氣傲，或太貪心時，會暴落破財而貧窮。賺錢不易。有羊、火、鈴時，小心因財自殺。

※財帛宮為巨門陷落在辰、戌宮時，你是空宮坐命有機陰相照的人，一生錢財不順，多是非災禍、賺錢少，量入為出較好。有羊、陀、火、鈴時易為財自殺，有巨門化忌時更凶。

※財帛宮為巨門居旺在巳、亥宮時，你是天同坐命卯、酉宮的人。宜用口才生財，做教師、推銷員皆可，工作上是非多，亦可用是非生財。有火、鈴時會用是非生財。有陀羅、空劫，財不順，耗財多，是非災禍多。有化忌時更凶。

※**財帛宮是陽巨同宮，請看太陽星之部份。**

**※財帛宮是同巨同宮，請看天同星之部份。**

**※財帛宮是機巨同宮，請看天機星之部份。**

## 天梁星

※財帛宮為天梁居廟在子、午宮時，你是天同坐命辰、戌宮的人。你會因貴人提攜而得財。也會因名聲響亮而得財。總之，你的工作常因人介紹而成功。你是『機月同梁』格的人。以薪水為重，有『陽梁昌祿』格的人，為一品官員，可得上等富貴。有擎羊、火、鈴、空劫時，財運不佳。貴人運缺乏，故財不順。有化權、化祿、化科時，財運特佳。

※財帛宮為天梁居旺在丑、未宮時，你是太陽坐命巳、亥宮的人，你有貴人運，得貴人財。也會因『陽梁昌祿』格，考試升等而得高薪高官之位，也會因有名聲而得財。財運旺，一生無憂。有羊、陀、火、鈴、劫、空時，貴人運受損，財運也不佳，只有靠自己辛勤努力，平安過日子。

※財帛宮為天梁居陷在巳、亥宮時，你是空宮坐命，有機巨相照的人。每日辛勤求財度日，勞心苦志，得財不易。因沒有貴人財而辛苦。有陀羅、火、鈴、劫空時，財運更困難、窮困。有祿存時，勉強可有糊口之薪資過活。

※財帛宮爲機梁時，請看天機星之部份。
※財帛宮爲同梁時，請看天同星之部份。
※財帛宮爲陽梁時，請看太陽星之部份。

## 天相星

※財帛宮為天相單星居廟在丑宮時，你是空宮坐命巳宮有廉貪相照的人。你會有富足平順的財運，你非常會理財，做事一板一眼，理財規規矩矩，勤勞負責。凡事有安排，故財運順利。有羊、陀、火、鈴、空、劫時，財運多破耗，不順。錢財也理不好，故財運有起伏。

※財帛宮為得地之位時，會在巳、亥、未宮。你是空宮坐命有紫貪相照的人，和空宮坐命亥宮，有廉貪相照的人。大致上你的財運平順。但是固定薪水的工作之財。你也稍具理財之觀念，對自己的財運和信用很負責，因此生活平順無虞。但有羊、陀、火、鈴、劫空時，完全不順，要小心。

※財帛宮為天相陷落在卯、酉宮時，你是空宮坐命有武貪相照的人。你的錢財不順，很難賺到錢，必須有固定職業，做薪水族較好。有羊、火、鈴、劫空時，一生辛苦，財少困難、貧窮。

※財帛宮爲紫相時，請看紫微星之部份。

※財帛宮爲廉相時，請看廉貞星之部份。

※財帛宮爲武相時，請看武曲星之部份。

## 七殺星

※財帛宮是七殺居廟時在寅、申宮，你是破軍坐命子、午宮的人。你是辛苦打拼、埋頭苦幹、努力賺錢的人，努力很有成果，一定會有財進。並且你有『武貪格』在『夫、官』二宮，一生有多次暴發機會，會成為大富翁。財帛宮有陀羅、火、鈴時，財會慢進，會刑財，也會賺辛苦、爭鬥多的財祿。有空劫時，財少不順。武貪格中有化忌、劫空時，財不發，財也會變少。

※財帛宮是七殺居廟在辰、戌宮時，你是破軍坐命寅、申宮的人。必須辛苦打拼才能賺到錢。除非你的『夫、官』二宮有火、鈴，否則你沒有暴發格、偏財運，便要辛苦賺正財了。有羊、陀、火、鈴、空、劫在財帛宮與七殺同宮時，在爭鬥中賺錢，更辛苦，財少。

※財帛宮是七殺在子、午宮居旺時，你是破軍坐命辰、戌宮的人，雖然很會打拼，因官祿宮的貪狼居平，事業上的機會、機緣稍差，錢財賺起來沒有前二者多。而且你又愛享受，耗財多，並要用盡心機去賺錢，很勞碌。夫妻宮、官祿宮必須有火星、鈴星才會有偏財運，否則以正財為主。倘若財帛宮尚有羊、火、鈴，會在爭鬥中賺錢，更辛苦，財更少了。

※財帛宮為七殺星的人，本命都是破軍坐命，若是破軍和文昌或文曲同宮者，一生主窮困，財來財去。財帛宮再好也沒用了。

**※財帛宮是紫殺時，請看紫微星之部份。**

**※財帛宮是武殺時，請看武曲星之部份。**

**※財帛宮是廉殺時，請看廉貞星之部份。**

## 破軍星

※財帛宮是破軍在子、午宮居廟時，你是貪狼坐命辰、戌宮的人。你是一個會賺錢，又會花錢、很耗財的人，你本命有暴發運，會橫發，會買貴重物品，搜藏金銀珠寶等等。財源可聚。但財帛宮不可有文昌、文曲同宮或對照，否則依然窮困，暴落很

快。

有羊、火、鈴在財帛宮同宮時，會賺爭鬥、拚命的錢。

※破軍在辰、戌宮居旺為財帛宮時，你是貪狼坐命寅、申宮的人。你的財不少，但都是從配偶處獲得。你會嫁娶有錢之配偶，一生靠配偶發跡，也能擠上富人行列。有文昌、文曲同在財帛宮時窮困。配偶窮困，你也很窮。有劫空亦然。有羊、陀、火、鈴，賺錢辛苦、勞碌。財少。

※財帛宮為破軍在寅、申宮居得地之位時，你是貪狼坐命子、午宮的人。你一生的環境高尚，因此不必做太多的打拼和衝鋒陷陣，家中有家財留給你，生活富裕。有火、鈴在命、遷二宮的人，會有暴發運，可多得錢財。有昌、曲在財帛宮同樣是窮困之人。有劫空亦同，摸不到錢。

※財帛宮爲紫破時，請看紫微星之部份。

※財帛宮爲武破時，請看武曲星之部份。

※財帛宮爲廉破時，請看廉貞星之部份。

## 文昌、文曲

※財帛宮有文昌星獨坐居旺在財帛宮，是富足、財運佳的，而且會賺文職、莊重、有名聲的錢財。會做文職而發富。文昌在寅、午、戌宮居陷時，財運不佳。再加羊、陀、火、鈴、劫空、化忌敗財、耗財，會為寒儒，或有侮斯文的賺錢方式，也窮困。

※財帛宮為文曲居廟在申、子、辰宮，一生富足，可得貴人財。文曲居陷時，財不順。有羊、陀、火、鈴、劫空、大耗、化忌時，財來財去，不遂心，成敗起伏不定。

## 左輔、右弼

※財帛宮有左輔、右弼在宮位中時，在諸宮皆吉，再有吉星同宮，更吉，可得貴人財，有貴人幫忙賺錢。有羊、陀、火、鈴、空、劫、化忌，則財不順，有成敗起伏。

## 祿存星

※祿存單星在財帛宮中，無論在那一宮，皆吉，皆有財祿。但要看對宮相照的星是否

是財星、吉星，還是凶星、刑星、惡星。祿存對宮是財星、運星，如武貪，財自大，有大財。祿存對宮是機梁、陽巨等不帶財之星，自然財小，為有衣食之祿。

※祿存入財帛宮，首要看同宮有什麼星，這是影響祿存財祿大、小第一順位的影響力。若同宮沒有其他的星，其次再看對宮有什麼星，對宮的影響力為第二順位的影響力，如此才可決定祿存帶財的多寡。

※祿存同宮有吉星時，不必太費力，財富就會慢慢增加。如祿存和紫府、武府同宮時，為富翁之財。祿存和武破、廉破同宮時，為衣食溫飽之祿，各有不同。

## 擎羊、陀羅

※財帛宮為擎羊居廟在辰、戌、丑、未宮時，必須在熱鬧的地方生財。而且是見血光之生財法，比如做屠戶，在市集宰殺牛、羊、雞、鴨、魚類。比如說做醫生開刀、獸醫、急救工作、喪葬業等，都是人多的地方。擎羊居陷時，賺的是低下、見不得人、污垢不潔、陰氣重、平常人不願意做的工作。

※財帛宮為陀羅居廟時，也是在熱鬧的地方生財，例如做軍警業、市集上之屠宰業、做刀劍、鐵器的行業等，陀羅居陷在財帛宮時，是辛勤求財以度日的生活，賺比較低下、沒太多人肯做的行業，如做墳、做墓碑等。再加天空、地劫，錢財來去快速，財少又空。

## 火星、鈴星

※火星在財帛宮時，居旺獨坐，會一生有多次暴發運，會暴起暴落。火星居陷在財帛宮，辛勞奔波求財，財不多。加吉星同宮，有財但耗財。

※鈴星居旺獨守財帛宮，會有暴發運。也會暴起暴落。鈴星居陷在財帛宮，是辛苦求財，但孤獨貧寒一生，度日困難。

## 天魁、天鉞

※天魁、天鉞在財帛宮中時，主清高得財，要看主星為何才能定出財多、財少。

## 斗君

※凡子年斗君經過財帛宮時，有吉星，則該月會進財。有凶星或遇空劫、大耗、化忌等星，該月會耗財、有損失。並會有口舌、是非、打官司，會都是因財務關係而起的。

# 5. 諸星在第六宮——疾厄宮

【原文】

## 六疾厄

先看命宮星曜落陷，加羊、陀、火、鈴、空、劫、化忌守照如何，又看疾厄宮星曜善惡，廟、旺、落、陷如何斷之。

紫微災少，天府同亦少，天相同皮胎勞。如加破軍血氣不和，同羊、鈴主有暗疾，加空、劫主痰疾、心氣疾。

天機襁褓多災，陷地頭面破相，巨門同血氣疾，天梁同下部疾，太陰同瘡災。加羊、火陷宮，有目疾、四肢無力。

太陽頭風。太陰同，加化忌、羊、陀主眼目有傷，陷宮亦主目疾欠光明。

武曲襁褓災迍，手足頭面有傷。羊、陀同一生常有災，天相同招暗疾，七殺同血疾，貪狼同廟旺無疾，陷地加四殺眼、手、足疾、痔疾、瘋瘡。

天同入廟災少，巨門同心氣疾。太陰同加羊、火、血氣疾。天梁同加四殺心氣疾。

廉貞襁褓災瘡、腰足之疾，入廟加吉和平。遇貪狼同，陷地眼疾災多。七殺、破軍、天府同災。

天府災少，臨災有救。紫微同災少，加羊、陀、火、鈴、空、劫有瘋疾，廉貞同加劫、殺、空亡半途傷殘。

太陰廟旺無災，陷地災多主勞傷之症，女人主有傷殘。若太陽同加吉美一生災少。羊、陀、火、鈴眼目疾。加空劫有瘋疾，天同同加羊、陀陷宮，主加症。同火、鈴多災。

巨門少年膿血之厄。太陽同有頭瘋疽，天同同下部主有瘋症，加羊、火酒色之疾，加忌有耳目之憂。

天相災少，面皮黃腫，血氣之疾。紫微同災少，武曲同加殺破相，廉貞同加空劫手足傷。

七殺幼年多災，長主痔疾。武曲同加四殺手足傷殘，廉貞主目疾，加擎羊四肢有傷殘。

破軍幼年瘡癩、濃血、羸黃。武曲同目視疾，紫微同災少，廉貞同加羊、火四肢有傷殘。

文昌獨守災少。加羊、陀、火、鈴、空、劫災多，同諸吉星一生無災。

文曲災少，加吉星一世無災。加羊、陀、火、鈴、空、劫坐陷宮災有。

左輔獨守平和，加吉星災少，見羊、陀、火、鈴、空、劫常有災。

右弼獨守逢災有救，見羊、陀、火、鈴、空、劫災多。

祿存少年多災，加吉星災少。見羊、陀、火、鈴四肢必傷殘，加空、劫致暗疾延生。

擎羊有頭瘋之症或四肢欠力，頭面破相延壽，加吉星災少。

陀羅幼年災磨，唇齒頭面有傷破方可延壽。

火鈴主一生災少，身體健旺伶俐。

族君遇吉身心安寧，其年無災，遇凶殺本生人有畏忌，其年多災。

## 【原文解釋】

要斷人的健康、疾病的問題，要先看其人命宮中星曜是不是落陷？是否是加擎羊、陀羅、火星、鈴星、天空、地劫、化忌等星？而上述星曜是在何宮位守照，以上是看其人先天的體質如何？再之又要看疾厄宮星曜的吉、凶，是否在廟位、旺位、平位、陷位？這是斷可能的病情的。

### 紫微星

疾厄中有紫微星時，一生病災少。疾厄宮有紫微、天府同宮，病災亦很少。

疾厄宮中有紫微、天相同宮，有脾臟的問題，或腺體病變的體質，或患輕微的皮膚病。疾厄宮為紫破同宮時，是血氣不合的毛病，再與擎羊、鈴星同宮時有暗疾。有空、劫同宮時，有痰多、心臟病等毛病。

### 天機星

疾厄宮中有天機星時，嬰兒襁褓時期便有災禍、血光。天機居陷時，頭上、臉面上一定會破皮而留下痕跡、破相。疾危宮是天機、巨門同宮時，有血氣的疾病，如血管、心臟、高血壓等疾病、疾厄宮有天機、天梁同宮時，是下腹、膀胱容易有病。疾厄宮有天機、太陰同宮是長痔瘡或身上長瘡的毛病，凡是疾厄宮中有天機加擎羊、火星居陷的，都有眼目的疾病，和四肢無力症。

## 太陽星

疾厄宮有太陽星時，有頭風寒溫之疾，會頭痛、頭重，怕吹風。疾厄宮有太陽、太陰同宮時，再加化忌、羊、陀同宮時，會有眼目遭傷的病情。太陽居陷在疾厄宮，也主有眼疾，視力容易看不清楚。

## 武曲星

疾厄宮中有武曲星時，其人在嬰兒襁褓時期多災。手足和頭部、臉面上有傷痕。疾厄宮中有武曲、擎羊、陀羅同宮時，一生中常有傷災。疾厄宮中有武曲、天相時，會有暗疾。疾厄宮為武曲、七殺同宮，有血液的毛病。疾厄宮有武曲、貪狼同宮居廟旺，沒有疾病。武曲居陷加四殺（羊、陀、火、鈴）有眼睛、手、足的疾病，有痔瘡、痲瘋病等。

## 天同星

疾厄宮有天同入廟在巳、亥宮時，災少。疾厄宮是天同、巨門同宮，有心臟病。疾厄宮有天同、太陰同宮，再加擎羊、火星，有血液循環不良的毛病。疾厄宮有天同、天梁再加四殺（羊、陀、火、鈴），會有心臟病。

## 廉貞星

疾厄宮為廉貞時，是襁褓時多災的情形，會長瘡，或腰部、足部有傷。廉貞若入廟加吉星則一生無大病。疾厄宮有廉貞、貪狼同宮，居陷地，有眼目之疾，病災多，也會有性無能之毛病。廉貞和七殺、破軍、天府同宮在疾厄宮，都會有傷災。

## 天府星

天府星在疾厄宮時，災厄少，就算臨到災厄，也有救。疾厄宮是紫微、天府，災少。再加擎羊、陀羅、火星、鈴星、天空、地劫，會有腦神精系統的毛病，或精神病。廉府同宮在疾厄宮，再加地劫、空亡、擎羊，會在人生中途而傷殘。

## 太陰星

疾厄宮有太陰居廟在巳、亥宮時，沒有病災、傷災。太陰居陷在疾厄宮，病災、傷災多。主其人男子為癆傷之災，女子會有傷殘現象。如果疾厄宮有太陰、太陽同宮，再加吉星，一生病災、傷災少。再加羊、陀、火、鈴，會有眼目之疾。再加空劫，有精神病。疾厄宮為天同、太陰再加擎羊居陷時，主有血液循環不良之症，與火星、鈴星同宮，主多病災、傷災。

## 巨門星

疾厄宮有巨門星，少年時代都有膿血之疾。疾厄宮為陽巨同宮時，易患頭風之疾，或癩痢頭。疾厄宮有天同、巨門時，主身體下部有瘡疾。再加擎羊、火星，會得酒色之疾（性病）。再加化忌（巨門化忌）時，有耳疾或眼疾。

## 天相星

疾厄宮有天相時，病災、傷災少。會有臉面皮膚黃腫、血氣病。疾厄宮有紫相時，病災少。疾厄宮有武相同宮，再加羊、陀、火、鈴會破相。疾厄宮有廉貞、天相同宮再加天空、地劫會有手足之傷。

## 七殺星

疾厄宮有七殺時，幼年病災、傷災多，不好養。成年以後有痔瘡。疾厄宮有武殺同宮再加羊、陀、火、鈴，有手足傷殘的狀況。疾厄宮有廉殺時，有眼目之疾。再加擎羊，是四肢會傷殘的狀況。

## 破軍星

疾厄宮有破軍星，在幼年時期會長癩痢頭，或身上長瘡。有膿包、或羸瘦、面黃。疾厄宮是武破同宮，有眼睛視力的毛病。疾厄宮有紫破時，病災、傷災少。疾厄宮有廉破同宮加擎羊、火星時，其人四肢有傷殘。

## 文昌、文曲

疾厄宮有文昌獨坐時，災厄少。再加羊、陀、火、鈴、空、劫，傷災多。疾厄宮有文曲星時，災厄少。再加吉星，一生沒有病災、傷災。再加羊、陀、火、鈴、空、劫時，文曲在陷宮，有傷災、病災。文昌與吉星同宮在疾厄宮，會一生無病災、傷災。

## 左輔、右弼

疾厄宮有左輔單星時，平順無災。加吉星，更無災。有羊、陀、火、鈴、空、劫時，常會有病災、傷災。

右弼在疾厄宮單星獨坐時，遇到病災、傷災能有貴人相救。再有羊、陀、火、鈴、空、劫同宮，病災、傷災會很多。

## 祿存星

疾厄宮有祿存時，少年時病災多。再加吉星同宮，病災少。再有火、鈴同宮，四肢會傷殘。加天空、地劫，會有暗疾寄生。

## 擎羊、陀羅

疾厄宮有擎羊時，有頭風或四肢無力之症。頭、臉有破相者，可延長生命。再加吉星同宮，病災、傷災少。

陀羅在疾厄宮時，幼年多災多難，唇部、牙齒、牙齦、頭部、面部有傷，破相，可延長生命。

## 火星、鈴星

疾厄宮有火星、鈴星，一生健康少災，身體健壯，伶俐。有皮膚病、青春痘。

## 斗君

子年斗君逢疾厄宮時，有吉星，則身體、心靈平安、寧靜。其年平順無災。若遇有凶星，就要小心謹慎，其年多病災、傷災了。

《欲研究疾厄宮所代表之人生健康問題，請看法雲居士所著『紫微命格論健康』一書，其中有詳細的分析》

# 6. 諸星在第七宮—遷移宮

## 【原文】

### 七遷移

紫微同左右，出外貴人扶持發福。天府同出入通達，天相同在外發財，破軍同貴人見愛小人不足，加羊、陀、火、鈴、空、劫，在外不安靜。

天機出外遇貴，居家有是非。巨門同動中則吉，天梁同出外稱意，太陰同忙中吉，加羊、陀、火、鈴在外多是非，身不安靜。

太陽宜出外發福，不耐靜守。太陰同出外忙中吉，巨門勞心，加羊、陀、火、鈴、空、劫，在外心身不清閑。

武曲鬧忙中進，少不宜靜守。貪狼同作巨商。七殺、破軍同，身心不得靜守。加羊、陀、火、鈴在外招是非。

天同出外遇貴人扶持。巨門同勞心，太陰同辛苦，天梁同貴人見愛。加羊、陀、火、鈴、空、劫在外少遂志。

廉貞出外通達近貴，在家日少。貪狼同鬧中立腳，七殺同在外廣招財，天相同動中則吉，加羊、陀併三方有凶殺，死於外道。

天府出外遇貴人扶持。同紫微發福。廉貞、武曲鬧中取財，作巨商。

太陰入廟出外遇貴發財，陷宮招是非。太陽同極美，天機同欠寧靜，天同同在廟旺地，出外白手生財成家。

貪狼獨守，在外勞碌，鬧中橫進財。廉貞同加四殺，在外艱難。武曲同作巨商，加羊、陀、火、鈴、空、劫、耗、殺，流年遭兵劫掠。

巨門出外勞心不安，與人不足，多是非，加羊、陀、火、鈴、空、劫愈甚。

天相出外貴人提拔。紫微同吉利，武曲同在外發財，廉貞同加羊、陀、火、鈴招是非，小人不足。

天梁出外近貴，貴人成就。天同同福厚，天機同藝術途中走。

七殺在外日多，在家日少，武曲同動中則吉，廉貞同在外生財，紫微同在外多遂志，加羊、陀、火、鈴、空、劫又操心不寧或流蕩天涯。

破軍出外勞心不寧，入廟在外崢嶸。加羊、陀、火、鈴奔馳，巧藝走途中，加文昌、文曲、武曲，相會優伶之人。

文昌出外遇貴發達，小人不足。加羊、陀、火、鈴、空、劫，在外欠安寧。

文曲在外近貴，加吉星得財，加羊、陀、火、鈴少遂志。

左輔動中貴人扶持、發福。加羊、陀、火、鈴，下人不足，多招是非。

右弼出外遇貴人扶持、發達，不宜靜守，加羊、陀、火、鈴、空、劫在外與人有爭競。

祿存出外衣祿遂心，會羊、陀、火、鈴、空、劫，與人多不足意。

擎羊入廟，在外衣祿遂心，加吉星鬧中發財，陷地有成，下人多不足。

陀羅會吉星，在外遇貴得財，陷地加羊、陀、火、鈴、空、劫，多招是非，下人不足。

火星獨守，出外不安。加吉星鬧中進財，加羊、陀、空、劫招是非，在外少遂志。

鈴星有吉星同，出外吉。加羊、陀、空、劫不足招是非。

斗君過度遇吉，動中吉；遇凶殺，動中有口舌。

## 【原文解釋】

### 紫微星

遷移宮中有紫微星，如左輔、右弼同宮時，在外面有貴人相助扶持，有福氣。遷移宮中有紫微、天府同宮時，是到處受人歡迎、通行無阻的。遷移宮中有紫微、天相同宮時，可在外面發財得利。遷移宮中有紫破時，是高貴的人、長輩級的人喜歡你，會幫助你。而小人會嫉妒你、怨恨你。再有羊、陀、火、鈴、天空、劫地同在遷移宮時，在外面的環境是動盪不安靜的。

## 天機星

遷移宮中有天機時，是出外有貴人相助，在家多是非爭執。遷移宮中有天機、巨門同宮時，是需要在變動中產生吉象。遷移宮中有天機、天梁同宮時，要到外面忙碌奔波，才稱自己的心意。因外面有貴人。遷移宮中有天機、太陰同宮時，必須忙碌奔波才會吉利。再加羊、陀、火、鈴在遷移宮中，是在外多是非爭鬥、身心不得閒。

## 太陽星

遷移宮中有太陽星時，宜出外打拚會有吉事，守在家中靜待，是不好的。遷移宮中有太陽、太陰同宮，要出外去忙碌奔波會較吉利。遷移宮中有太陽、巨門時，是勞心勞力的，再加羊、陀、火、鈴、劫、空，在外面身心都不清閒，心煩。

## 武曲星

遷移宮有武曲星時，應在外勞心勞力，不宜靜守，宜熱鬧之處安身並忙碌才吉。遷移宮中有武曲、貪狼同宮，宜做商人會得心應手，而成鉅富商。遷移宮中有武殺、武破同宮，是勞心勞力，身心皆不得閒，不能靜守，宜動中求吉。再有羊、陀、火、鈴、空、劫同宮，在外是非爭鬥多。

## 天同星

遷移宮中有天同星，是出外在行走變動時會遇到貴人幫助，而發福及發達。遷移宮中有同巨同宮時，是勞心勞力，多是非、人災。遷移宮中是同陰同宮，在子宮，出外白手成家創業成功。在午宮，辛勤勞苦無財。遷移宮是天同、天梁同宮，在外受長輩貴人扶持、喜歡。再加羊、陀、火、鈴、空、劫，在外面不能達成理想願望。

## 廉貞星

遷移宮中有廉貞星，出外發展，四處通達，可靠近貴位，有大成就，可主貴。非常忙碌，在家的日子少。遷移宮有廉貪同宮時，會在熱鬧的地方忙中生財，但不長久。遷移宮有廉殺同宮時，會出外勞心勞力四處招財。遷移宮是廉貞、天相同宮時，必須動起來才吉利，不宜靜守。再加羊、陀，三合宮位中有凶星、殺星，會死於外面道路上。（此指『廉殺羊』、『廉殺陀』的惡格）

## 天府星

遷移宮中有天府星，是出外遇到貴人，受其提拔、支援，並有經濟相助而發達。遷移宮中有紫府同宮，有財祿，並受貴人扶持。遷移宮中有廉府、武府，皆是在熱鬧之處取財，會做生意發達，成大商人。

## 太陰星

遷移宮中有太陰居廟時，是出外遇貴人相助得地位與名聲而發財。居陷位時會在外多招是非、無財。遷移宮中有太陽、太陰同宮，格局美，出外忙碌奔波而得財，有富貴。遷移宮中有天機、太陰同宮，在外不寧靜，須忙碌才吉利。遷移宮中有同陰在廟旺之地（在子宮），出外能白手起家而生財。

## 貪狼星

遷移宮是貪狼星獨坐時，是在外面勞碌奔波，在鬧地有橫財、暴發運而得財（因貪狼是好運星之故）。遷移宮為廉貪加羊、陀、火、鈴四殺，在外面的環境中奮鬥很艱難。遷移宮是武曲、貪狼同宮，在外努力會做巨富之商人。若加羊、陀、火、鈴、空、劫、大耗、殺星，流年逢到，會遭流兵搶劫、掠奪財物，也會傷害性命。

## 巨門星

遷移宮有巨門星，是外出打拚、勞心勞力、不安定、多招是非，與人不和的。再加羊、陀、火、鈴、空、劫、化忌時，更不安定，是非更多。

## 天相星

遷移宮有天相星時，到外鄉平順發展，在外有貴人提拔。遷移宮中有紫微、天相同宮時，在外發展，行走是吉利的。遷移宮有武曲、天相同宮時，是在外鄉發財。遷移宮為廉相同宮加羊、陀、火、鈴時，在外面易招是非糾紛，有小人嫉妒暗害。

## 天梁星

遷移宮中有天梁居廟旺時，出外行走會與上等主貴之人靠近來往，然後受到貴人照顧幫助而發展成就。遷移宮有同梁同宮，主在外溫和，福氣厚。遷移宮有機梁同宮，主其人會從事藝術方面的工作。

## 七殺星

遷移宮有七殺時，是在外面打拚的時間多，在家的日子少的人。遷移宮中有武殺時，必須多到外面奔波才吉利，靜待家中不吉。遷移宮中有廉殺同宮，是在外面奔波勞碌來生財。遷移宮有紫殺同宮，在外面打拚、努力，環境好可達到心願。再加羊、陀、火、鈴、空、劫時，會勞碌操煩、心不寧靜，或者是勞碌奔波、流浪天涯。

## 破軍星

遷移宮有破軍星時，在外奔波勞心勞力、不安定。破軍入廟在遷移宮，主其人武職崢嶸，會發達。再加羊、陀、火、鈴，主奔馳快速。有巧藝在身維生。再加文昌、文曲、武曲同宮或相會，為著名之演員。

## 文昌、文曲

遷移宮有文昌星，是出外有貴人幫助而發達。但為小人所嫉妒。加羊、陀、火、鈴、空、劫時，在外面不能安寧，有是非。

遷移宮有文曲星時，出外能靠近主貴的人，再加吉星，可以因貴人幫助而得財。若加羊、陀、火、鈴則達不到願望。

## 左輔、右弼

遷移宮中有左輔時，必須在活動及變動中會遇貴人扶持而發達，不能靜待家中。加羊、陀、火、鈴、空、劫時，在外容易遭嫉，招是非糾紛。

遷移宮有右弼時，出外會遇貴人幫助而發達，不宜靜守家中。加羊、陀、火、鈴、空、劫時，在外有阻擾，會有人要與你競爭。

## 祿存

遷移宮有祿存星時，在外面有衣食之祿，可達願望。有火、鈴、空、劫與人不和，辛苦經營，財少。

## 擎羊、陀羅

遷移宮有擎羊入廟時，在外有衣食之祿，凡事順心，再加吉星，須熱鬧之地可發財。遷移宮為擎羊居陷時，辛勤勞苦，很難如願，且遭嫉妒，有不祥之感。

遷移宮有陀羅居旺和吉星同宮，會在外面遇到貴人而得財。遷移宮是陀羅居陷加火、鈴、劫、空，會招惹是非，有小人暗害。

## 火星、鈴星

遷移宮有火星獨坐時，出外不安定。再加吉星，會在熱鬧的地方進財。加羊、陀、火、鈴、空、劫同宮，多是非，在外不能如願。

遷移宮有鈴星和吉星同宮，出外吉利。再加羊、陀、空、劫，會招是非爭鬥，不順。

**斗君**

有子年斗君逢到遷移宮時，遇到吉星，則在外出遷動中，主吉。遇到凶星，則在外出活動中有口舌是非。

**【解析】**

※遷移宮所代表的不止是人外出時的境遇，實則是人一出生就遇到之境遇，而且終其一生在這種境遇中生活。遷移宮有吉星居旺的，終其一生受到好的特遇。有煞星居陷的，可能辛苦、貧困、夭亡。境遇不同之故。

**《如欲瞭解遷移宮所代表之人之境遇，請看法雲居士所著『如何掌握旺運過一生』及『好運跟你跑』二書》**

# 7. 諸星在第八宮——僕役宮

## 【原文】

### 八奴僕

紫微成功得力，旺主生財。加擎羊、火、鈴、陀羅欠力，破軍同先難後有招。天相同得力，加空、劫招怨逃走。

天機入廟得力，陷地怨主。天梁同晚招，太陰同欠力，巨門加吉星有奴婢，加擎、陀、火、鈴、空、劫全難。

太陽入廟旺主發，陷宮無分，有也怨主會走。太陰同多招，巨門同有多招怨。加羊、陀、火、鈴奴則為背主。

武曲旺宮不少，一呼百諾。天府同多奴多婢；破軍同招怨會走，末年有招。天相同得力，七殺同背主，貪狼同欠力。

天同得力旺相，巨門先難後易，太陰同得力，天梁同助主。加羊、陀、火、鈴有背主之奴，若見空、劫怨主會走。

廉貞陷地，奴背主晚年方招得。入廟一呼百諾，貪狼同欠力，七殺同背主，天姚同多奴多婢。加羊、陀、火、鈴，不旺會走。

太陰廟地得力成行。太陽同多奴多婢。天機同欠力，天同同旺主。加羊、陀、火、鈴、空、劫，雖有而走，陷地全無。

天府得力一呼百諾，紫微同助主。廉貞、武曲同，奴僕有多。加羊、陀、火、鈴、空、劫，多背主逃走。

貪狼初難，招敗主之奴。陷地全無。廉貞同亦少，紫微同有奴婢，加羊、陀、火、鈴、空、劫，雖有難育。

巨門入廟，早年不得力，招是非，不能久居。太陽同，助主衛家。天同不一心，天同同末年招得。

天相末年招得。紫微同多奴多婢。武曲同怨主，廉貞同末年可招。加羊、陀、火、鈴、空、劫，欠力逃走。

天梁奴主，旺主。天同同有衛家之奴，天機同不一心。

七殺欺主，有剛強之僕，多盜家財。武曲同背主，廉貞欠力，加羊、陀、火、鈴、空、劫，全難招。

破軍入廟得力，陷宮招怨背主。武曲同違背。紫微同得力。廉貞同欠力。加羊、陀、火、鈴、空、劫難招。

文昌入廟獨守，得力助主。加羊、陀、火、鈴、空、劫，雖有背主。

文曲入廟得力，陷宮無分。加羊、陀、火、鈴、空、劫，怨主逃走。

左輔獨守，旺相，一呼百諾。加羊、陀、火、鈴、空、劫、耗、忌，背主難招。

右弼獨守，成行。加羊、陀、火、鈴、空、劫、耗、忌，背主盜財而走。

祿存奴僕多。加吉星衛生起家。見羊、陀、火、鈴、耗、忌欠力。

擎羊背主招怨，不得力，有也不長久。入廟晚年方可招。

陀羅奴僕欠力怨主，入廟加吉星有分。

火星獨守，怨主不得力。加吉星入廟可招一、二。

鈴星獨守，不得力恨主。會吉星入廟，助主衛家。加空、劫、耗、忌全欠力。

斗君過度，逢吉星則奴僕歸順；逢凶忌耗殺，或恨主而走，或因奴僕而招是非。

## 【原文解釋】

### 紫微星

僕役宮有紫微星時，能得到朋友的幫助而成功。紫微居旺得助力，生財很多。再加擎羊、火星、鈴星、陀羅等四殺星，不得力、欠和。僕役宮有紫微、破軍同宮時，要交到好朋友、好部屬起先很困難，慢慢找，後來還是可以找到。僕役宮有紫微、天相同宮時，會有得力、有輔助力量的朋友和部屬。若再加空、劫，朋友和部屬會怨恨、逃走。

### 天機星

僕役宮有天機居廟時，會有得力的朋友和助手。天機居陷時，朋友和部屬則會怨恨主人，不能和睦。僕役宮有天機、天梁同宮時，要到很晚才能找到好朋友、好部屬。僕役宮有天機、太陰同宮時，朋友、部屬太聰明、善變而不得力，沒有幫助。僕役宮有天機、巨門同宮時，再加吉星，有可使喚的人及奴婢。再加羊、陀、火、鈴、空、劫時，與朋友、下人、部屬不和。

## 太陽星

僕役宮有太陽居廟旺時，主有好朋友、部屬而大發。太陽居陷時，沒有好朋友或好部屬，即使有朋友與部屬，也會是怨恨、反叛，而離開。僕役宮有太陽、太陰同宮時，朋友多。在丑宮，為女性朋友得力。在未宮，男性朋友得力。僕役宮有太陽、巨門同宮，朋友雖多，但相互爭鬥、不和睦。再加羊、陀、火、鈴時，有憎恨、出賣、背叛主人之朋友、部屬。

## 武曲星

僕役宮為武曲居廟時，朋友多，並且你可以有權威，一呼百諾，能擁戴你（你是巨門坐命巳、亥宮的人）。僕役宮有武府同宮時，朋友多、部屬多、奴婢多，可得到幫助（你是空宮坐命有日月相照的人）。僕役宮有武破同宮時，朋友和部屬會怨恨、離開，在晚年時才能找到相合的朋友。僕役宮有武相同宮時，朋友很得力，能相互幫助。僕役宮有武殺時，會有背叛、凶惡之朋友、屬部。朋友宮為武貪同宮時，朋友們不得力，部屬也不得力，沒有幫助。

## 天同星

僕役宮為天同居廟時，朋友、部屬是溫和、慈善的人，非常得力有幫助。僕役宮為同巨同宮是起先難找到好朋友、好部屬，日後會找到好朋友、好部屬。僕役宮有同陰時，在子宮，有得力之朋友與助手。在午宮，則不得力。僕役宮有天同、天梁同宮時，有好朋友、好部屬能有助力。再加羊、陀、火、鈴，有背叛之部屬。有空劫同宮，會背叛、怨恨而離開。

## 廉貞星

僕役宮為廉貞居陷時，有背叛主人之部屬和朋友，要到晚年才能有和睦之友人和部屬。僕役宮為廉貞居廟時，你是朋友運、部屬運最好的人，能有群眾基礎，可一呼百諾，得到擁護（你是機巨坐命的人）。僕役宮有廉貪同宮時，朋水、部屬不得力、不和，朋友運很糟（你是天機坐命子、午宮的人）。僕役宮有廉殺時，會有背叛之朋友、部屬。有天姚和廉貞同宮在僕役宮時，會蓄養很多奴婢，也會有很多部屬來幫你做事。再有羊、陀、火、鈴與廉貞同宮於僕役宮時，朋友、部屬少，會離開。

## 太陰星

僕役宮有太陰居廟時，朋友多，而且是溫柔多情義、善解人意的朋友、部屬，非常得力的幫助。僕役宮有太陽、太陰同宮時，部屬、奴婢都很多，有助力。在丑宮，女子對你有助力。在未宮，男子對你有助力。僕役宮為天機、太陰同宮，朋友、部屬為聰明、狡黠之人，不得力，沒有幫助。僕役宮為同陰同宮，在旺宮（在子宮），主其朋友、部屬多，且可興旺你。在陷宮（午宮）則否，與朋友、部屬不合，人少。再加羊、陀、火、鈴、空、劫時，雖有朋友，但會離開。僕役宮為太陰居陷時，會無得力的好朋友及部屬。

## 天府星

僕役宮為天府星時，朋友、部屬多，而且有助力，可得到擁護，一呼百諾。僕役宮有紫府時（你是天同坐命卯、酉宮的人），朋友、部屬可相助你的事業。僕役宮為武府時，朋友和部屬多，有助力。再加羊、陀、火、鈴、空、劫時，朋友和部屬會反叛而逃走。

## 貪狼星

僕役宮有貪狼星時，年輕時即沒有好朋友、好部屬，卻有耗敗你資產的朋友和部屬。僕役宮有廉貪時，朋友、部屬少，相處不和諧。僕役宮有紫貪同宮時，年少與朋友、部屬不和，老年才找到相合的人。朋友是高貴，但冷淡的人。再加羊、鈴、空、劫，雖有朋友、部屬，但難養育或結交（不能做老闆）。

## 巨門星

僕役宮有巨門居廟時，年輕時即有不得力、不合之朋友、部屬，且多招是非、災禍，不能交往長久。僕役宮有陽巨時，在寅宮，朋友間爭鬥多，但能幫助你、保衛你。在申宮，則否。僕役宮有同巨時，朋友、部屬和你不同一條心，有二心。只有在晚年可找到好朋友、好部屬。

## 天相星

僕役宮有天相星時，在晚年可找到好朋友、好部屬。僕役宮有紫相時，有眾多的部屬和奴婢。僕役宮有武相時，朋友、部屬會怨恨、背叛你。僕役宮有廉相，在晚年才能找到好朋友、好部屬。有羊、陀、火、鈴、劫、空等在僕役宮中同宮時，朋友與你不合，不得力，會離開、逃走。

## 天梁星

僕役宮有天梁居旺時，有眾多的朋友和部屬、奴婢，且得力又能興旺你。有同梁同宮於僕役宮，有保衛你，很忠心的朋友和部屬。僕役宮有天機、天梁時，朋友運、部屬運皆不佳，不能一條心。

## 七殺星

僕役宮有七殺星，會有性格剛強、凶悍的僕人或部屬、朋友，會盜竊你的財產，欺侮你，且與你不和。（因你是太陰坐命的人，脾氣溫和，有點懦弱，故易遭人欺侮。）僕役宮有武殺同宮，有背叛之朋友、部屬。僕役宮有廉殺，與朋友、部屬不合，沒有助力。再加羊、陀、火、鈴、空、劫，沒有朋友。

## 破軍星

僕役宮是破軍居廟位時，有得力的朋友和部屬。朋友三教九流都有，你全不在乎，你是天梁坐命丑、未宮的人，在朋友、部屬的身上花費龐大。破軍居陷時，為僕役宮有廉破，會有怨恨、背叛之朋友、部屬。僕役宮是武破時，朋友運、部屬運不佳，會背叛、不合，朋友都是窮朋友。僕役宮是紫破時，有得力的朋友、部屬。你的朋友是層次不一樣的，有高貴者、有低下者，你全都備用，以備不時之需。僕役宮有廉破時，朋友、部屬不得力。有羊、陀、火、鈴、空、劫在僕役宮與破軍同宮，沒有好朋友與部屬。

## 文昌、文曲

僕役宮有文昌獨坐居廟時，朋友、部屬多，且得力有幫助。有羊、陀、火、鈴、空、劫同宮時，則為有背離之朋友和部屬。

僕役宮有文曲居廟時，有得力、有助益之朋友和幫助。文曲在陷宮入僕役宮（在寅、午、戌宮），則沒有好朋友、好部屬。有羊、陀、火、鈴同宮時，會怨恨你而背叛逃走。

## 左輔、右弼

僕役宮有左輔單星時，朋友運很旺，且溫和、有力，受到擁戴，可以一呼百諾。有羊、陀、火、鈴、空、劫同宮時，有背叛之朋友、部屬，而且少。

僕役宮有右弼單星時，朋友、部屬多。有羊、陀、火、鈴、空、劫同宮時，朋友、部屬會偷盜你的財利而離開。

## 祿存星

僕役宮有祿存星時，朋友、部屬多，且能幫助自己。有吉星同宮，能靠朋友保衛你、擁護你而起家，有事業。有火、鈴、大耗、化忌同宮時，多是非不合、不得力。

## 擎羊、陀羅

僕役宮有擎羊星時，有背叛、嫉妒、怨恨之朋友、部屬，沒有助力。即使有也不長久。擎羊入廟在僕役宮，晚年可尋獲好朋友及部屬。

僕役宮有陀羅時，朋友、部屬都很笨、不同心，會怨恨你，沒有助力。陀羅居廟加吉星可有好朋友。

## 火星、鈴星

僕役宮為火星獨守時，有怨恨背叛、不得力之朋友、部屬。如果火星居廟和吉星同宮，可有一、二個好朋友及部屬。

僕役宮為鈴星單星時，會有怨恨背叛、不得力之朋友、部屬。有吉星同宮，且鈴星居廟時在僕役宮，會有強悍能護衛你的朋友和部屬。如有空、劫、大耗、化忌同宮在僕役宮，則朋友運差，沒有助力。

## 斗君

子年斗君經逢僕役宮時，逢到吉星，則部屬、僕人、朋友都祥和順服、好相處。逢到凶星，如化忌、大耗、羊、陀等，則有怨恨、離開的朋友、部屬，或因朋友、部屬而招惹是非，有人災。

《法雲居士所著『紫微成功交友術』對僕役宮有詳細分析，可參考之。》

# 8. 諸星在第九宮——官祿宮

## 【原文】

### 九官祿

紫微廟旺，遇左、右、昌、曲、魁、鉞，軒勝位至封侯伯。加羊、陀、火、鈴平常，天府同權貴，名利兩全。天相加，內外權貴清正，破軍同，鬧中安身。

天機入廟權貴，會文曲為良臣，見羊、陀、火、鈴不宜。天梁同文武之材，太陰同名振邊夷。陷宮退官失職，吏員立腳。

太陽入廟文武為良。不見羊、陀、火、鈴吉。太陰同貴顯，左、右、昌、曲、魁、鉞同，更加科、祿、權，定居一品之貴。

武曲入廟，與昌、曲、左、右同宮，武職崢嶸，常人發福。會科、權、祿為財富之官，貪狼同為貪污之官，破軍同軍旅內出身與安身，七殺同橫立功名，陷宮加陀、鈴、劫、忌，功名無分。

天同入廟文武皆宜，無羊、陀、火、鈴吉。巨門同先小後大，太陽、昌、曲、科、權、祿吉美。天梁同權貴，太陰同陷宮胥吏論。

廉貞入廟武職權貴，不耐久。貪狼同鬧中權貴，紫微會三方，文職論。七殺同軍旅出身，天相、天府同，衣錦富貴。

天府入廟文武皆吉，無羊、陀、火、鈴、空、耗全美。紫微同文武聲名，廉貞、武曲同，權貴。見空、劫平常。

太陰入廟多貴，陷地氣高橫破，難顯達。會太陽、昌、曲、左、右，三品之貴。天同同文武皆宜。天機同鬧中進身，吏員立腳。

貪狼入廟遇火、鈴，武職掌大權。紫微同文武之職，權貴非小；陷宮貪污之官，加羊、陀、空、劫平常。

巨門入廟，武職權貴，文人不耐久。太陽同有進退，入廟久長。天機同，在卯宮吉美，在酉宮雖美無始終。陷宮遭悔吝，加羊、陀、火、鈴、空、劫更不美，退官卸職。

天相入廟，文武皆宜，食祿千鍾，陷地成敗。紫微同權貴，昌曲左右同權顯榮貴，武曲同邊夷之職，廉貞同崢嶸權貴，加羊、陀、火、鈴、空、劫有貶謫。

天梁廟午，會左、右、魁、鉞，文武之材。天同同權貴不小，天機同崢嶸貴顯。加羊、陀、火、鈴、空、劫平。

七殺廟旺，武職崢嶸，權貴非小，不宜文人。武曲同，權貴。廉貞同，功名顯達。

破軍廟旺，武職軒勝。武曲同，加權、祿、文昌、文曲顯達，加羊、陀、火、鈴平常，紫微同宮名振揚，廉貞同，文人不耐久，胥吏最美。

文昌入廟，太陽同加吉，科、權、祿，文武之材。同天府、文曲，富貴雙全。

文曲廟旺，文武皆宜，陷宮與天機、太陰同宮，胥使權貴。會紫府左右，近君顏而執政。加羊、陀、火、鈴、空、劫，平常。

左輔入廟，文武之材，武職最旺，不利文人，會吉星身中清，文武皆良。見羊、陀、火、鈴、空、劫，進退聲名。

右弼宜居武職，不和文人。與紫府昌曲同，財官雙美。陷宮成敗有貶謫，見羊、陀、火、鈴、空、劫，亦有黜降。

祿存會吉，文武皆良，財官變美，子孫爵秩，諸宮為美。

擎羊入廟，最利武職。同吉星權貴，陷地平常，虛名而已。

陀羅獨守平常，加吉星亦虛名而已。

火星晚年功名遂心，早年成敗，會紫微、貪狼吉，陷地不美。

鈴星獨守旺宮吉，陷地不美，加諸吉星權貴。

斗君遇吉，其年月財官旺，逢凶忌財官不顯達，有勞碌奔波。

**定公卿**

輔弼星纏帝座中　高官三品入朝中　空亡惡曜三方見　只是虛名受蔭封

**定兩官府**

昌曲二曜最難逢　建節封侯笑語中　若然凶殺來臨破　須然好處也成凶

**定文官**

文官昌曲掛朝衣　官祿之中喜有之　紫相更兼權祿至　定居風憲肅朝儀

**定武官**

將軍武曜最為良　帝座權衡在祿鄉　輔弼二星兼拱照　金章玉帶佐皇王

**定曹吏**

太陽化官在陽宮　更有光輝始不凶　若逢紫微兼左右　一生曹吏呈英雄

## 【原文解釋】

### 紫微星

官祿宮有紫微星居廟旺時，再有左輔、右弼、文昌、文曲、天魁、天鉞等星同宮。其人會有極品之地位、官位，可做高階層之負責人，平步青雲，官位大。如果有羊、陀、火、鈴與紫微同宮在官祿宮，則事業運平常，沒有太大的表現。如果官祿宮有紫微、天府同宮時，是名利皆有的，有權、有勢的權貴之人。官祿宮有紫微、天相同宮時，會掌握大權，職位清高、正派。官祿宮為紫破同宮時，以在熱鬧的場所，安身立命來工作賺錢。

### 天機星

官祿宮有天機居廟時，一生工作上會有機會變化而升官，掌權力、地位，主貴。官祿宮有天機、文曲相會時，其人為忠於職守、善良的、負責任的人。

有羊、陀、火、鈴在官祿宮同宮時，職位低，工作不順利。官祿宮有天機、天梁同宮，有文武之才，文才武略皆通。官祿宮有天機、太陰同宮時，從武職可名震邊疆之蠻夷（指名震外國人）。官祿宮為天機居陷在丑、未宮時，會做小公務員，但仍會做事不利，失職而被辭退。

## 太陽星

官祿宮為太陽入廟時，文職、武職皆宜。官祿宮沒有羊、陀、火、鈴的較吉利，有大用。官祿宮有太陽、太陰同宮，主事業有成就，會顯達、成功。若官祿宮有左輔、右弼、文昌、文曲、天魁、天鉞，再加上有化科、化權、化祿時，一定會擁有最高之地位。

## 武曲星

官祿宮有武曲入廟時，再與文昌、文曲、左輔、右弼同宮，做武職軍、警業可有極高的地位，成為大將軍，有權有勢。平常人有此官祿宮會在錢財方面多得，有財運福氣。有武曲化科、武曲化權、武曲化祿在官祿宮中，會做管國家財政之官員。官祿宮有武貪同宮，則為一個喜歡貪污的官吏。官祿宮為武破同宮，必會做軍人，在軍中工作和生活。官祿宮有武殺時，會有暴發運，時來運轉，立下汗馬功勞，而成名、成功。武曲居陷時，如武破、武殺等，加陀羅、鈴星、地劫、化忌時，就辛勞也沒有升官的機會了。

## 天同星

官祿宮有天同在巳、亥宮居廟時，做文職、武職都很好。沒有陀羅、火、鈴時較吉。官祿宮有天同、巨門同宮時，是事業先做得很小，日後才大。官祿宮有陽巨同宮，再加文昌、文曲、化科、化權、化祿，這是『陽梁昌祿』格，是非常吉利，美好的格局。官祿宮有天同、天梁同宮，會做有權勢、地位之人。官祿宮有天同、太陰同宮居陷（在午宮），以做小官吏來論之。

## 廉貞星

官祿宮有廉貞居廟時，做軍警武職，會是達官顯貴，具有權力之人。但不長久。官祿宮有廉貞同宮時，須在熱鬧的地方工作，會有權有勢。官祿宮有廉貞星，在三合宮位中有紫微星（是紫破在命宮）做文職亦可。官祿宮為廉殺時，為軍旅出身之軍人。官祿宮有廉相、廉府時，可有高收入、高薪資，可穿錦衣，有富貴同高。

## 天府星

官祿宮有天府星入廟（在丑宮），做文職、武職皆好。只要沒有羊、陀、火、鈴、劫空、大耗，全都很順利。官祿宮有紫微、天府同宮時，做文職、武職都有好名聲。官祿宮有廉府、武府同宮時，會有權、有勢。有地劫、天空同宮時，便職位平常，事業不算順利。

## 太陰星

官祿宮有太陰居廟時，多主官貴，可做大官。太陰居陷在官祿宮，人緣不佳，沒有財祿，而且會心高氣傲，事業失敗，難以貴顯發達。官祿宮有太陰、太陽、文昌、文曲、左輔、右弼同宮時，有三品以上之官貴。（屬於部長級的職位）官祿宮有同陰時，做文職、武職皆好。官祿宮是機陰時，是在熱鬧的地方工作可升官，以做小公務員維生。（現今戶政、地政事務所工作之人）。

## 貪狼星

官祿宮有貪狼居廟位，再有火星、鈴星同宮或相照，做軍警業，可掌大權，做高位。官祿宮有紫貪同宮時，做文職、武職皆可，權力和地位皆不小。貪狼居陷位（廉貪同宮）會做貪官污吏。再加陀羅、天空、地劫，為平凡，無地位之人。

## 巨門星

官祿宮為巨門居廟，做軍警職可有權力、地位。做文人不長久，會常換工作，做不下去。官祿宮有陽巨同宮，事業有起伏進退，在寅宮入廟較長久一點。官祿宮為機巨，在卯宮，為最吉利美好的格局，會做高科技、高知識、文化的工作。在酉宮，雖然也可做上述工作，但無法有始有終，不長久。官祿宮有巨門居陷時（在辰、戌宮）工作有悔吝，會遭人斥責、開除。有羊、陀、火、鈴、空、劫同宮時，會被辭退或被逼卸職。

## 天相星

官祿宮有天相星入廟時，做文職、武職皆好，生活富足，賺錢很多。官祿宮為天相居陷時，事業有起伏、成敗，成果不見得好。官祿宮在紫相時，有權有勢力，有官位，再有文昌、文曲、左輔、右弼同宮時，有極高的權力、顯達，可光耀門庭，主貴命。官祿宮有武相時，會做武職管理邊疆地區之鎮壓或協調之事。官祿宮有廉相同宮時，會有極高的權力、地位。若再有擎羊、陀、火、鈴、空、劫同宮時會遭到貶職謫放的命運。

### 天梁星

官祿宮有天梁在午宮居廟位時，再照會左、右、魁、鉞時，有文武雙全之才。官祿宮為同梁時，權力、地位不小。官祿宮為機梁時，能有赫赫的權力與地位。如果有羊、陀、火、鈴、空、劫同宮時，只是平凡之人。

### 七殺星

官祿宮有七殺星居廟時，做武職可有崇高的官位、權力、地位皆很大。但不適宜做文職。官祿宮為武殺時，也會有權力、地位。官祿宮為廉殺時，會有事業成功、顯貴的一天。

### 破軍星

官祿宮有破軍居廟位、旺位時，做武職佳，能居高位。官祿宮有武破同宮，再加化權、化祿、文昌、文曲，會貴顯宏達。如果和羊、陀、火、鈴同宮，是事業平常。如果官祿宮為紫破同宮，會有大名氣，名震四邦。官祿宮為廉破同宮時，做文人是不長久，會換工作，做小官吏最好。

### 文昌、文曲

官祿宮有文昌居廟時，再與太陽同宮，再加吉星，如化科、化權、化祿等星，有『陽梁昌祿』格，有文才武略。官祿宮是天府、文昌、文曲同宮時，有權勢、地位，富貴皆有。

官祿宮為文曲居廟旺時，做文職、武職皆好。官祿宮為文曲居陷（在寅宮）與天機、太陰同宮時，可做小公務員，有權力、地位。官祿宮有文曲與紫府、右、右同宮，會在主政事身旁幫忙執政。若有羊、陀、火、鈴、空、劫同宮，則為平凡之人。

## 左輔、右弼

官祿宮有左輔星時，可文可武，做武職軍警業最吉。做文人不利。有吉星同宮或照會，為清高之人，做文職、武職皆為忠良之人。有羊、陀、火、鈴、空、劫同宮，聲名會有起伏，運氣不十分好。

官祿宮有右弼時，宜做武職，做文人不適合。官祿宮有右弼與紫府、昌、曲同宮時，是財富與權勢、官位皆大的人。右弼在落陷之宮位和羊、陀、火、鈴、空、劫同宮，有被貶職、罷免、黜降職務等情形。

## 祿存星

官祿宮有祿存，再有吉星照會，是做文職、武職皆為忠良之人，會盡忠職守。財富與官職皆高，子孫會承襲職位。祿存在官祿宮時，在每一個宮位皆好。

## 擎羊、陀羅

官祿宮有擎羊居廟時，最適合做武職軍警業。有吉星同宮有權勢、地位。官祿宮有擎羊居陷時，只有虛名，事業平凡。

官祿宮有陀羅獨坐時，職位平凡。再加吉星同宮，有虛名不實在，事業平凡。

## 火星、鈴星

官祿宮有火星時，其人會在晚年才有事業能順心。早年有起伏起敗。官祿宮有火星與紫微、貪狼相會大吉，有暴發運，易早成功。火星居陷在官祿宮，不好，平凡。

官祿宮有鈴星獨守居旺時，大吉利。有鈴星居陷時，不吉，再加吉星同宮，主有權力、地位。

## 斗君

子年斗君經逢官祿宮時，有吉星，該年、該月會有財進，有官可升。有凶星、化忌，則財運、官運皆不佳，且有勞碌奔波的情形。

## 定人職位高低

### 定公卿（定上等官員命格）

官祿宮中是紫微和左輔、右弼同宮，必定會做三品以上之官員（現今部長級人物）。若有空亡、地劫、天空等惡星在三合宮位中，只是有主貴的虛名而已，實際沒有權勢。

### 定兩官府

文昌、文曲二星最難逢到在官祿宮中，只要有昌曲在官祿宮，在輕聲笑語中便有了官位和權勢了。如果有凶殺星曜來沖破，就算是有一點點好處，最後也會變成凶災。

### 定文官（定做文職官員命格）

有文官命格的人，官祿宮必定有文昌、文曲二星。官祿宮最好的是紫相同宮（此指武府坐命的人），再加紫微化權、祿存、化祿，如此便可有高風亮節，在政府中有威嚴的做官了。

## 定武官（定做武職官吏的命格）

官祿宮中要有武曲星是最忠良的命格，為大將軍之命格，有紫微權星或武曲化權、武曲化祿皆可，再有左輔、右弼在對宮或三合拱照，必有高位、大權勢來輔佐主政者，穩定邦國。

## 定曹吏（定小政務官之命格）

官祿宮要有太陽化權在居旺的宮位，要太陽居廟、居旺，才會有前途。倘若三方宮位逢到紫微、左輔、右弼等星，一生做小政務官會做得很好。

《有關官祿宮、事業運之問題，在法雲居士所著『如何創造事業運』以及『紫微幫你找工作』、『紫微格局看理財』等書中有詳細分析》

# 9. 諸星在第十宮—田宅宮

## 【原文】

### 十田宅

紫微茂盛，自置旺相。加羊、陀、火、鈴、空、劫，有置有去。破軍同，退祖。天相同，有現成家業。得左、右、昌、曲。天機退祖新創置。巨門同在卯宮，有田庄。在酉宮，不守祖業，先大後小。天梁同，有置晚年富。太陰同，自置旺相。

太陽入廟得祖業，初旺末平，太陰同加吉星，田多。巨門同在寅宮，旺盛；在申宮，退祖不為無田產。陷地逢羊、陀、火、鈴、空、劫，全無。

武曲單居旺地，得祖父大業；陷地退後方成。破軍，大耗同，破蕩家產，有也不耐久。天相同先見破後方有，七殺同心不欲，天府同見守現成家業，貪狼同晚置。見火鈴星同極美，田產茂盛。同空、劫，有進有退。

天同先少後多，自置甚旺。巨門同，田少，太陰同入廟，大富。天梁同，先選後進。加羊、陀、火、鈴、空、忌，全無。

廉貞破祖，貪狼同有祖業不耐久，七殺同自置，天府同守現成家業，天相同先無後有。

天府田園茂盛，守祖自置旺相，紫微同大富。廉貞、武曲同，守祖業榮昌。見羊陀火鈴空劫，更少，有成敗。

太陰入廟田多，陷地加忌及羊陀火鈴空劫，田全無。天機同自創置，天同同白手自置，同左右權祿及祿存，主多田產。

貪狼陷宮退祖，一世田少。廟旺有祖業也去，中未自有置。廉貞同無分。紫微同有祖業，武曲同晚置。見火鈴星守祖業，有自創，但恐火焚屋宅。

巨門廟旺，橫發置買，陷地無分，因田產招非。太陽同先無後有，加羊陀火鈴空劫，田宅全無。

天相廟旺有分。紫微同自置，武曲同無分，廉貞加羊陀火鈴空劫，飄零祖業。

天梁入廟旺，有祖業。天同同先難後易，天機同不見羊陀火鈴空劫，終有田宅。

破軍在子、午宮，守祖業榮昌，但有進退，加羊陀火鈴，退祖田少。紫微同有現成家業，廉貞同先破後有置，耗忌全無。

文昌會諸吉，田園廣置，加羊陀火鈴空劫，敗祖。

文曲旺地有分，守祖業，加吉星自置。同羊陀火鈴空劫湊，有進有退。

左輔有祖業，加羊陀火鈴空劫，退祖田地少，會吉星多。

祿存田園多，旺自置。會吉星承祖業榮昌，加羊陀火鈴空劫，田宅少。

擎羊入廟，先破後成，陷地加空劫，退祖業。

陀羅退祖辛勤度日，加吉星先無後有。加空劫全無。

火星獨守退祖業，會吉星先無後有，加空劫全無。

鈴星退祖，入廟加吉星自有置，見空劫全無。
斗君過度，遇吉星，其年田產倍進，逢凶殺忌耗，退敗。

## 【原文解釋】

### 紫微星

田宅宮有紫微星時，是田園茂盛、房地產多，自己購置的更多。有羊、陀、火、鈴、空、劫同宮時，自己有購置，也有賣掉的。田宅宮有紫破同宮時，會離開生養自己的家，白手起家。田宅宮為紫相同宮時，家中有父母已做好、現成的家業讓你管理。有左輔、右弼、文昌、文曲更能自置。（此句有差錯，有紫相時，對宮有破軍，而有文昌、文曲時，和破軍相照主窮困，故無法能自置房地產。）

### 天機星

田宅宮有天機星時，會白手起家，自己創造置產。田宅宮有機巨同宮時，在卯宮，有田地、房產。在酉宮，守不住祖業，自置財富是先很富有，後來愈少。田宅宮有天機、天梁同宮時，白手起家能自置，晚年較富有。田宅宮是機陰在寅宮，白手起家，自置房地產多。在申宮，不多。

## 太陽星

田宅宮有太陽居廟位（在卯宮為陽梁居廟），能得到眾多祖業，是起初旺盛，漸漸減少的趨勢。田宅宮為太陽、太陰同宮，再加吉星，田地多、房地產多。田宅宮為陽巨同宮時，在寅宮，房地產多，很旺盛。在申宮，是白手起家，沒有房地產的人。田宅宮為太陽居陷時，再有羊、陀、火、鈴、空、劫同宮，是家產全無的人。

## 武曲星

田宅宮有武曲單星居廟時，會有祖先留下大產業給你，一生富足。田宅宮有武曲居陷位，是祖產耗盡，經過自己努力才能擁有。田宅宮有武破、大耗同宮，會破敗家產，蕩然無存，即使還有家產，也不長久。田宅宮是武殺時，是你自己不想要家產或房地產。田宅宮有武府時，你是有現成家業可守的人。而且做得很好，可發揚光大，房地產更多。田宅宮有紫貪同宮時，很晚才買房地產。有火星、鈴星與紫貪同宮更好，會有暴發運，可買更多的田地、房地產，田園茂盛。田宅宮有地劫、天空同宮時，房地產會買進、賣出，有起落。

## 天同星

田宅宮有天同星時，是起先少一點，後來很多的情形。要自己購置會很多。田宅宮有同巨同宮時，田少、房子少。田宅宮是同陰在子宮入廟旺時，有大富之家。田宅宮為天同、天梁同宮，是先耗財、賣掉房地產，後來才再買進。有羊、陀、火、鈴、空、劫、化忌同宮時，沒有房地產。

## 廉貞星

田宅宮有廉貞星時，會破耗祖產。田宅宮有廉貪同宮，即使有祖業也不長久，全都會破耗完了。田宅宮有廉殺同宮時，會自己購置房地產。田宅宮有廉府時，會有現成的家業可守。田宅宮是廉相時，是起先沒有房地產，後來辛勤努力，積蓄，再購置。

## 天府星

田宅宮有天府星時，其人有很多的房地產，能守住祖業，也能自己購置更多。田宅宮是紫府的人，為大富之人，房地產多。田宅宮是廉府或武府，都能守住祖業，一生榮盛昌隆。有羊、陀、火、鈴、空、劫同宮時，房地產變少，會有起伏變化。

## 太陰星

田宅宮有太陰居廟時，田地多、房地產多。（因太陰星是田宅主之故）田宅宮為太陰居陷時，再有化忌、羊、陀、火、鈴、劫空同宮，房地產全沒有。田宅宮有機陰同宮時，是自己創造購置的。田宅宮是同陰時，是自己白手起家，自己買的房地產。再有左輔、右弼、化權、化祿、或祿存，則主房地產特多。

## 貪狼星

田宅宮有貪狼居陷時，耗退祖產，一生房地產少或沒有。田宅宮中有貪狼居廟時，與祖產緣份低，祖業會賣掉。中年以後自己會置產。田宅宮有廉貪時家中沒有祖產給你。田宅宮有紫貪時，會有祖產分給你。田宅宮有武貪時，很晚才自置房地產。有火星、鈴星，形成『武火貪』、『武鈴貪』格的人，有祖業可守，也有自置的房地產，但怕有房屋被火燒的危險，容易發生火災要小心。

## 巨門星

田宅宮有巨門居廟、居旺時，會爆發暴發運而購置房地產。田宅宮為巨門居陷時，沒有房地產。若有，會因房地產的問題遭口舌是非災禍。田宅宮有陽巨時，是起先沒有，慢慢積存，到晚年才有房地產。再有羊、陀、火、鈴、空、劫同宮時，房地產完全沒有。

## 天相星

田宅宮有天相居廟旺時有房地產。田宅宮有紫相時，是自置的房地產。田宅宮是武相同宮時沒有房地產，要慢慢賺。田宅宮有廉相加羊、陀、火、鈴、空、劫，會祖產飄零、耗盡。

## 天梁星

田宅宮有天梁居廟旺時，有祖業可繼承。田宅宮有同梁時，是起先貧困、困難，後來才買的房地產。田宅宮有機梁時，要沒有羊、陀、火、鈴、空、劫，到老時終有房地產。

## 破軍星

田宅宮有破軍星在子、午宮時，你會守住祖業，繼續發揚光大，但有買進、賣出。如果有羊、陀、火、鈴在田宅宮中，則耗損祖產、田地、房子少了。田宅宮有紫破時，可守現成的家業。田宅宮有廉破時，是先破蕩而後再自置的狀況。如果田宅宮再有大耗、化忌，就完全沒有房地產了。

## 文昌、文曲

田宅宮有文昌和吉星同宮時，會買很多的房地產。有羊、陀、火、鈴、空、劫同宮時，會敗盡祖產。與破軍同宮或相照，則主窮困，沒有房地產。

田宅宮有文昌居旺時，能分到祖產，又能守祖業，再有吉星同宮，自己購置的也不少。若有羊、陀、火、鈴、空、劫同宮，則房地產買進、賣出，財運起伏。

## 左輔、右弼

田宅宮有左輔、右弼，會有祖業繼承，再加羊、陀、火、鈴、空、劫，會耗退祖產、田地少。左、右與吉星同宮，才會房地產多。

## 祿存星

田宅宮有祿存，是田產、房地產多的狀況，自置更多。祿存與吉星同宮或相會，會繼承祖產，更發揚光大。若有羊、陀、火、鈴、空、劫同宮，房地產少。（因『祿逢沖破』）

## 擎羊、陀羅

田宅宮有擎羊入廟時，是先賣掉後買進房地產的狀況，若是擎羊居陷加空劫同宮，會賣掉祖產。

田宅宮有陀羅星時，會賣掉祖產，辛勤費力過日子。有吉星同宮，則會先是沒有房地產，慢慢積蓄才有。如果有空、劫同宮，就全都沒有房地產了。

## 火星、鈴星

田宅宮有火星獨坐時，會耗退祖產。有吉星同宮，是先沒有，再慢慢積存而後有房地產。如果有空、劫同宮，便全沒有房地產了。

田宅宮有鈴星時，會賣掉祖產。鈴星居廟加吉星在田宅宮，會自己購置房地產。如果有空劫在田宅宮，則完全沒有房地產了。

## 斗君

凡子年斗君經過田宅宮，而田宅宮有吉星，則該年會房地產增多。逢凶殺、化忌、大耗之星，則房地產會慢慢賣掉。

《欲知自己財福如何，請看法雲居所著『你一輩子有多少財』、『你的財怎麼賺』二書》。

# 10. 諸星在第十一宮──福德宮

【原文】

十一福德

紫微福厚，享福安樂，天府、天相同，終身獲吉。破軍勞心費力不安，加羊陀火鈴空劫，福薄。天鉞同享福終身。

天機先勞後逸，巨門同勞力欠安，天梁同享福，太陰同主快樂，加羊陀火鈴空劫，奔走不得寧靜。

太陽忙中發福，太陰同快樂，巨門同費力欠安，天梁同快樂。女人會吉星，招賢明之夫享福，加羊陀火鈴空劫忌耗，終身不美之論。

武曲勞心費力，入廟安然享福。破軍同，東走西行不寧靜，天相同老境安康，七殺同欠安康，貪狼同晚年享福，見火鈴星安逸，加羊陀操心費力。

天同快樂有福有壽。巨門同多憂少喜，太陰同享福，天梁同清閑快樂。

廉貞獨守，忙中生福。天相同有福有壽，天府同安樂無憂，破軍同不守靜，勞心費力。再加羊陀火鈴，勞苦終身，末年如意。

天府安靜享福。紫微同快樂，廉貞同身安心仁，武曲同早年更辛苦，中、晚安樂享福。加羊陀火鈴空劫耗忌，勞苦過日。

太陰入廟，享福快樂。太陽同極美，僧道亦清潔，享福。天機同心忙，天同同安靜無憂，加羊陀火鈴空劫，有憂有喜不得安靜。

貪狼勞心不安，廉貞同福薄，紫微同晚年快樂。

巨門勞力不安，太陽同有憂有喜，天機同心忙不安，天同同享福。加羊陀火鈴空劫，生平多憂。

天相安逸享福有壽。紫微同快樂，天機同忙中吉，太陽同福壽雙全。加羊陀火鈴空劫，不得心靜。

七殺入廟享福，陷地加羊陀火鈴，勞心費力。武曲同欠安，廉貞同辛勤，紫微同先勞後逸，來年方如意遂心。女人單居福德，則必為娼婢。

破軍勞心費力，武曲同欠安，廉貞同辛勤，紫微同安樂。加羊陀火鈴空劫，操心不得寧靜。

文昌加吉星，入廟享福快樂，陷地遇羊陀火鈴空劫，心身俱不得安靜。

左輔加吉星享福。獨守，晚年安寧，加羊陀火鈴空劫，辛勤。

右弼生平福祿全美，加吉星一生少憂，見羊陀火鈴空劫湊，勞心欠安。

祿存終身福厚，安靜處世。加吉星有喜有福，見羊陀火鈴空劫，心身不得寧靜。

魁鉞有貴人為伴，享福快樂。

擎羊入廟，動中有福，陷宮勞心欠力。得吉星同，減憂。獨守，身心不安。

陀羅獨守辛勤，入廟有福祿，陷地奔馳。加吉星晚年有福。

火星欠安，勞力辛勤，加吉星晚年遂志。

鈴星勞苦，加吉星平和，獨守辛勤。

斗君遇吉，其年安靜，逢凶殺，不寧。

歲君大小限經過逢吉則享福，逢凶則勞力辛苦。

## 【原文解釋】

### 紫微星

福德宮有紫微星時，其人福厚，可以享到福氣，有平安快樂的生活。福德宮有紫府、紫相同宮，終身都是吉利的，物質生活好、身心快樂。福德宮有紫破時，是勞心費力去賺錢，東奔西跑，生活不安定的。再有羊、陀、火、鈴、空、劫在福德宮同宮時，是福薄、勞碌的人。有天鉞和紫微同宮在福德宮的人，會終身享福、快樂。

## 【解析】

※福德宮為財祿的源頭，也是精神生活潛沈的地方。更是人心態展現的地方。有吉星時，其人也會心地善良，有上天及良知的庇佑。因此福份多。有惡星時，良知受到

扼止，福氣也受到脅制，勞碌奔波、辛苦費力，自不在話下。

※福德宮有紫殺時，早年奔波、辛苦，晚年才能享福。

※福德宮有紫貪時，早年辛勞、福少，晚年福份好，生活會改善。你是一個有些貪心的人，喜愛貪求漂亮、高級、精緻的事物。

## 天機星

福德宮有天機星時，是先勞碌，晚年時安逸享福。福德宮有天機、巨門同宮時，是勞心費力、不安定。福德宮有天機、天梁同宮時，福份多，能安逸享福。福德宮為天機、太陰同宮時，主聰明、快樂。有羊、陀、火、鈴、空、劫同宮時，會東奔西走，不安定，心境不安寧。

## 太陽星

福德宮有太陽星時，一生忙碌、福份厚。福德宮為太陽、太陰同宮時，主安逸快樂。福德宮為陽巨同宮時，主勞心費力、不安定，要到晚年才安樂。福德宮為陽梁時，會享福、快樂的過一生。女子的福德宮為陽梁同宮，再會照吉星，可以嫁賢明的夫婿，而享清福。若再有羊、陀、火、鈴、空、劫、大耗、化忌同宮時，一生忙碌奔波、福份薄，不美。

## 武曲星

福德宮有武曲星，是勞心勞力的人。武曲居廟時，能平安享福。而且能享受財祿之優質生活。福德宮有武破同宮時，是東奔西走、不安定、心情不寧靜的。（因為本命財少）。福德宮為武相同宮時，要到中、老年時期日子過得安逸。福德宮有武殺同宮時，生活無法安定、福份薄、身心俱疲累。福德宮為武貪時，早年奔波費心，晚年可享福份。再有火星、鈴星與武貪同宮或相照時，有雙重暴發運，也會有安逸的日子。如果有擎羊、陀羅同宮，則會終日操心勞碌了。

## 天同星

福德宮有天同星，一生是快樂安逸享福的，並且福壽皆高，又長遠。福德宮有同巨同宮時，是憂愁多、喜事少，煩心多、快樂少的情形。福德宮有同陰同宮時，能終身享福，快樂無比。福德宮有同梁同宮時，是清閒快樂，安逸一生的人。

## 廉貞星

福德宮有廉貞單星獨坐時，是在寅、申宮居廟，會在忙碌的生活中生出福氣來，要動、要忙碌才有福氣。不宜靜守。福德宮有廉相同宮時，是有福有壽，可過安逸日子。福德宮有廉府時，是身體悠閒穩定，而內心煩忙的人，也能過安逸無憂的生活。福德宮有廉破同宮時，是勞碌奔波、費力工作的人，不能靜守，會不吉。再有羊、陀、火、鈴同宮，會終身勞碌辛苦，晚年才能如意享福。

## 天府星

福德宮有天府星是生活安定、清靜能安逸過日子的。福德宮為紫府時，身心很快樂。福德宮為廉府時，是身體悠閒、心忙的人。福德宮是武府同宮時，是早年極辛苦，中、晚年以後快樂享福。再有羊、陀、火、鈴、空、劫、大耗、化忌同宮，會一生勞苦奔波過日子。

## 太陰星

福德宮有太陰居廟時，其人能享福快樂。一生都是有浪漫情懷，多愁善感、博學多才的人。福德宮有太陽、太陰同宮，有特殊的清高情懷，做僧人、道士，亦思想清高、潔淨，能享清福。福德宮有機陰同宮時，內心煩忙，多心事操煩。福德宮為同陰同宮時，內心平靜無波，無憂無慮，會享福。再有羊、陀、火、鈴、空、劫同宮時，會有憂煩的事，快樂的事相互交錯，身心不能安寧。

## 貪狼星

福德宮有貪狼星，是勞心費力、不安定的，因為貪心的原故。福德宮有廉貪同宮，福份薄。福德宮有紫貪同宮，操煩至晚年才會快樂。

## 巨門星

福德宮有巨門時，是勞心勞力不安定的人，更會因是非爭鬥多而勞心。福德宮有陽巨同宮時，會勞心、勞力、有憂、有喜，口舌是非多，不寧靜。福德宮有機巨同宮時，是內心煩憂忙個不停，不能安定的人，且容易製造是非，使自己更忙。福德宮有同巨同宮時，本身喜愛享福偷懶。再有羊、陀、火、鈴、空、劫同宮時，一生多憂愁、放不開。

## 天相星

福德宮有天相星時，是一個崇尚流行、追求時髦、知足常樂，能安逸享到清福，且長壽的人。福德宮有紫相同宮，有高格調的想法，一生安逸快樂。福德宮有武相同宮時，在忙碌中求發展，愈忙愈吉利。福德宮為廉相時，有福有壽，聰明不過頭，能享受安逸日子。再有羊、陀、火、鈴、空、劫同宮，心境不平靜、多煩憂。

## 七殺星

福德宮有七殺星居廟時，是個能幹、嚴謹的人，能享受清福。七殺居平必與紫微同宮，是早年辛勞、晚年安逸，才能達到心願。再加羊、陀、火、鈴，是勞碌、費力、不安定的。福德宮有武殺時，一生中動盪不安。福德宮有廉殺時，會辛勤勞碌。女人有七殺單星獨坐於福德宮時，必為別人家的婢女或娼妓之人，低賤而勞碌。

## 破軍星

福德宮為破軍時，為勞心費力之人，一生辛勤努力，享不到福。為一個十分嚴謹的人，熱愛工作，絲毫不會放鬆的人。

福德宮有武破同宮時，心境不安定，無福可享，財福也少。福德宮為廉破時，一生辛勤，勞神過日子，不安定，不能享福。福德宮為紫破時，喜歡花錢，可過安樂日子，但生活不安定，仍有煩憂。再有羊、陀、火、鈴、空、劫同宮，是愛操心，不能放心、安逸過日子。

【解析】

※福德宮為破軍時，都是勞心勞力的人，這其中有武曲坐命辰、戌的人，和廉貞坐命寅、申宮居廟的人和紫微坐命子、午宮的人。這三種命格的人之『命、財、官』都很好，成就也會比一般常人要高。可見他們之勞心勞力、辛勤努力、做事嚴謹、不放鬆，就是成功的基礎。自然享福玩樂之事對他們來說也不重要了。

## 文昌、文曲

福德宮為文昌、文曲加吉星，又在廟位時是享福、快樂的。文昌、文曲居陷，再加羊、陀、火、鈴、空、劫同在福德宮時，身心不寧靜，易操煩、奔波。

※有破軍與文昌、文曲同宮，窮困、無福、忙碌奔波，且有水厄。

## 左輔、右弼

福德宮有左輔加吉星時，能享受清福、快樂。左輔獨坐福德宮，晚年才能安定寧靜。有羊、陀、火、鈴、空、劫時，一生辛勤勞苦。

福德宮有右弼時，是一生有福、有祿，生活安逸舒適的人。再加吉星，一輩子無煩憂。有羊、陀、火、鈴、空、劫同宮，會勞心費力，不安定。

## 祿存星

福德宮有祿存星，終身都福份大，能快樂過日子。人會很安靜、處世平和。再有吉星同宮，身心愉快、有喜事、有福氣。如有羊、陀、火、鈴、空、劫同宮，身心難平靜，有煩憂。

## 天魁、天鉞

福德宮有天魁、天鉞同宮時，會有貴人相伴，享福而且快樂。其人也會長得美麗、文質彬彬、氣質好。

## 擎羊、陀羅

福德宮有擎羊獨坐時，必須行動奔波，會有福氣，不宜靜守。福德宮為擎羊居陷時，會勞心勞力、不安定。有吉星同宮，可以減少憂煩。居陷獨坐，身心都不安定。

福德宮有陀羅單星時，會很辛勤、勞苦。居廟在福德宮，才會有財福。陷地主奔馳、繁忙。再加吉星，是晚年才能享福。

### 火星、鈴星

福德宮有火星時，辛勤、奔波、勞心、勞力、不安定。再有吉星同宮，晚年可享福。

福德宮有鈴星時，獨坐福德宮，是勞苦辛勤之人。有吉星同宮較平順。

### 斗君、大小限、流年

子年斗君逢到福德宮，有吉星，則該年安定也安靜度過。逢凶星，則不安定、不寧靜。流年、大、小限亦是逢吉星便享福。逢凶星，便辛苦費力，不吉。

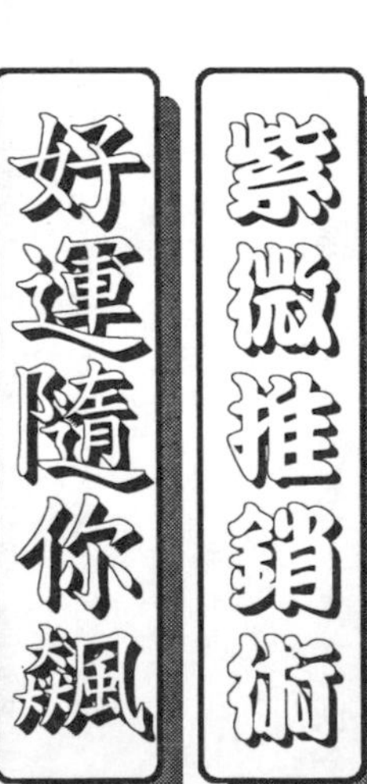

# 11. 諸星在第十二宮──父母宮

## 【原文】

### 十二父母

凡看父母，以太陽星為父，太陰星為母。太陽在陷宮，主先剋父。太陰在陷宮，主先剋母。如二星俱在陷地，只以人之本生時，日生者主父存，夜生者主母在。若夜生者，太陰星主母存，反背不明主母先剋，日生時者主父在，反背暗晦主父先剋。余試之屢驗矣，學者宜心識之。先有本宮某星主刑剋，又加惡殺的以刑剋斷之，據理參詳在乎人之自悟耳。

紫微無剋，天府同亦無刑。加羊陀火鈴空劫亦剋，天相同無刑，貪狼同無殺加亦無刑，破軍同早剋。

天機廟旺無刑，陷地逢羊陀火鈴空劫二姓寄居，重拜父母或過房入贅。太陰同免刑，天梁同無刑，俱要無殺加；有殺加也不免刑傷，巨門早刑。

太陽入廟無剋，陷地剋父。加羊陀火鈴空劫，剋父母早。太陰同看無羊陀湊父母全避刑，巨門同，加四殺、空劫，早剋。天梁同無刑。

武曲剋早退祖業不刑，貪狼同刑剋，七殺同有刑，天相同加羊陀火鈴空劫，刑傷。

天同獨守廟旺無刑。加四殺重拜父母，巨門同欠和，太陰同父母雙全，天梁同有刑或退祖業；加羊陀火鈴空劫，父母不全。

廉貞難為父母，棄祖重拜。貪狼同早刑，七殺孤剋，天府同免刑，破軍同早刑，加羊陀火鈴空劫，父母不周全。

天府父母雙全，紫微同亦無刑。廉貞、武曲同在廟旺無刑，加羊陀火鈴空劫主傷。

太陰入廟無剋。加羊陀火鈴剋母，不然過房棄祖。太陽同無四殺父母雙全。天機同無刑，天同同極美。

貪狼陷地，早棄祖重拜過房，入贅。廉貞同早刑，主孤單。紫微同無殺加，雙全。

巨門陷地，傷剋棄祖過房。太陽同少和，天機同重拜。天同同或退祖無刑。加羊陀火鈴空劫，父母不周全。

天相廟旺無刑。紫微同無刑剋，廉貞同有刑。加羊陀火鈴空劫，早刑。

天梁陷地加羊陀火鈴，孤剋棄祖，入贅、更名，寄人保養免刑。天同同加四殺有刑，無殺無刑。天機同無刑。太陽同剋遲。加四殺空劫亦剋早。

七殺剋早、離祖、六親骨肉孤獨。武曲同亦刑，廉貞同刑早，紫微同加吉星無刑。加羊陀火鈴空劫，父母不周全。

破軍剋早，離祖更名寄養免刑。武曲同剋早，廉貞同亦早剋，紫微同無刑。

文昌加吉星入廟無刑。加羊陀火鈴，有刑，或退祖二姓延生。

文曲獨守入廟無刑。加羊陀火鈴空劫，父母俱不周全。

左輔獨守無刑。廉貞同早刑，加文昌相生無刑，加羊陀火鈴刑傷退祖，二姓延生。

右弼獨守無刑。加吉星得父母庇蔭。見羊陀火鈴湊，離祖二姓安居。

祿存無剋。加空劫羊陀火鈴，早年有破父財，且刑傷中不自成家計。

擎羊刑剋早，會日月重重退祖，加吉星集免刑。

陀羅幼年刑傷，會日月重重退祖二姓安居。加吉星入贅過房或重拜二姓延生。

火星獨守孤剋，二姓延生。加吉星平和。

鈴星刑剋孤單，二姓安居，重拜父母，入贅過房。

魁鉞主父母榮貴，同吉星雙全。

斗君過度，逢吉父母吉利，無災傷、得安逸、內外有喜。遇凶則父母不利。

## 【原文解釋】

凡是在紫微命盤上看與父母之關係，皆以命盤中的太陽星為父親，以命盤中的太陰星為母親。太陽居陷位時，主其人先剋父親，與父親不和。太陰居陷時，主先剋母親，與母親不和。如果太陽、太陰二星都是陷落無光的，就以人的出生時辰來看。白天出生的人，主父親存在，夜間出生的人，主母親健在。倘若夜間出生的人，有太陰星在父母宮，主母親健在。『日月反背』時，太陰晦暗不明，主母親先被剋害。白天出生的人，主父親健在，有『日月反背』格局時，太陽晦暗不明，主父親先被剋害。我以此法試驗，屢次都應驗，諸位學習紫微斗數的人要心裡明白。先以父母宮本宮中的星看看是否有刑剋，再加惡星、煞星的，就以刑剋來斷定之。根據這個道理來參考分析，也必須要內心自己領悟才行。

## 紫微星

父母宮為紫微星，和父母不刑剋，且受父母的恩惠多。父母是具有身份地位，長相氣派、威嚴，具有高知識、教養之人，壽命強，身心健康，與你的關係特佳。父母宮有紫府同宮也沒有刑剋，父母是無條件提供你物質生活的人，對你很好，感情親密。有羊、陀、火、鈴、空、劫，又會相剋不和了。父母宮有紫相同宮時，沒有刑剋。父母是性情溫和、講理、長相體面的人。

受父母的恩惠大，和父母感情深厚，能孝順父母。父母宮有紫貪同宮時，沒有煞星同宮，亦不會有刑剋，只是彼此心靈間溝通不良，父母是長相氣派、高貴，但態度冷淡傲慢的人，與你感情不融洽。父母宮有紫破同宮時，早年即有剋害。父母是長相氣派、豪爽、性格堅強、獨斷的人，和你不和。再有羊、陀、火、鈴、空、劫同宮，會與父母緣份薄，而生離死別。

**※父母宮有紫殺同宮時，會剋害父母中之一人。加吉星則免剋，有羊、陀、火、鈴、地劫、天空，父母不全。**

## 天機星

父母宮有天機廟旺時無刑剋，受父母恩澤不小。父母宮有天機陷落時，再有羊、陀、火、鈴、天空、地劫等星，則主其人會姓另一個姓氏。（過繼給人，或隨母改嫁），重新拜他人為父母（孤兒、被人收養），或是男子入贅到女方家中。天機居廟時，父母為和靄、平易近人，對子女呵護的人。天機陷落時，父母的程度不佳，與父母無緣、不和，也得不到父母的良好照顧。父母宮為機陰同宮時，不會刑剋，但父母為性情善變之人，不好相處。父母宮為機梁同宮時，不會刑剋，一定要沒有煞星同宮，有殺星同宮依然會刑剋不和。沒有煞星時，父母的壽命長，是有小聰明、聒噪的人。會為你出主意，做精神支持，但在金錢上對你幫助不大的人。有羊、陀、火、鈴、空、劫時不和、冷淡，或父母不全缺一。父母宮為機巨時，你與父母不和，很早便有刑剋，與父親尤其感情不睦，常有爭執、吵架。有羊、火、鈴時，父母不全。

## 太陽星

父母宮有太陽居廟、居旺，沒有刑剋，父母為善良、忠厚、性情開朗、寬宏、熱情的人。彼此感情熱烈，相處愉快。父母宮為太陽居陷時，剋父，主與父親不和，或父早亡。再加羊、陀、火、鈴、空、劫時，與父母早年便無緣、不和，父母會壽短，分開來住，便可平安，父母也可長壽了。父母宮有太陽、太陰同宮時，要看有無羊、陀、火、鈴、空、劫、化忌這些煞星同宮。無煞星同宮者，父母雙全，晚刑剋，但在丑宮，與父親感情較淡，與母親較親。在未宮，與母親感情較淡。有煞星同宮者，在丑宮，先刑父，與父不和，或父早亡。在未宮，先刑母，與母不和或母早亡。

父母宮有陽巨同宮時，再加羊、陀、火、鈴四殺、空、劫等，與父母早有刑剋，父母之一會早亡，且與父母多口角、是非、不和。父母是個性情開朗，愛管閒事、說話反複，聒噪的人，但個性外向、開朗。

父母宮是陽梁同宮時無刑剋，同宮於卯，會得到父母的良好照顧，父母皆是有名聲響亮，知識水準高的人。在酉宮，與父親感情較淡，父母對你的照顧不如在卯宮者好。父母也是沒沒無名的人。

## 武曲星

父母宮有武曲單星時，與父母緣薄，早年便相互剋害。父母是有錢人，但性格剛毅，不苟言笑的，你們不和，如果早點分開來住則無刑剋。

父母宮有武貪同宮時，與父母不和，父母是性格剛毅、冷淡的人。

父母宮有武殺同宮時，與父母不和，父母是性格剛強、凶悍的人，會生離死別，有羊、陀、火、鈴，必剋，父母不全。

父母宮有武相同宮時，與父母緣深，感情好，父母會用金錢照顧你。再有陀、火、鈴、劫、空、化忌時，與父母不和，有父母不全、早亡。

## 天同星

父母宮有天同居廟獨坐，無刑剋，父母是溫和、世故之人，與你感情好。若再加羊、陀、火、鈴、空、劫，會重拜他人為父母，父母不全。

父母宮有同巨同宮，與父母不和，與父母較疏遠，家中常有紛爭或爭吵。有羊、陀、火、鈴時，年紀輕或小時便與父母分開。

父母宮為同陰同宮時，父母雙全。在子宮，與父母感情深厚，在午宮，感情不佳。有羊、火、鈴，父母不全。

父母宮有同梁同宮時，與父母有刑剋，或祖產被賣掉。父母是溫和，但沒有能力的人，會先把祖產賣掉、家道貧寒。再有陀羅、火、鈴、劫空同宮，父母不全。

## 廉貞星

父母宮有廉貞星時，與父母不合。父母是本位主義重、內向、剛硬的人，不好溝通。會重新拜他人為父母。（有乾爹、乾媽較好）

父母宮有廉貞時，自小與父母不和。父母是職低、文化水準不高之人。有陀羅同宮時，父母為不倫之姻緣，會與父母生離死別。

父母宮為廉殺同宮時，主孤獨刑剋，父母不全或早亡。幼年容易使父母擔心、不和。

父母宮為廉府時，不會刑剋，自幼會讓父母操心，父母是安靜少話的人。

父母宮為廉相時，幼年會讓父母操心，與父母不算和睦。有羊、火、鈴時，與父母不和，有刑剋。

父母宮為廉破時，與父母有刑剋不合，父母是性格剛硬、文化水準低的人，有羊、火、鈴、劫、空時，父母不全。

## 天府星

父母宮有天府星，父母雙全，與父母感情佳。受父母恩澤大。父母宮有紫府時，與父母感情深厚，父母長相氣派、美麗，具有高文化水準與修養。

父母宮有廉府，讓父母操心，感情好。

父母宮有武府，與父母感情好，但父母是性格剛硬、一板一眼的人。有羊、火、鈴、空、劫、主感情不佳。

## 太陰星

父母宮有太陰入廟，與父母感情好，尤其與母親緣份深，深受母親的恩澤大。有陀、火、鈴同宮，主剋母，與母不和。或過繼給人做養子。父母宮為太陽、太陰同宮時，無羊、陀、火、鈴，父母雙全。父母宮有機陰同宮沒有刑剋。父母宮有同陰同宮，與父母感情深厚。

## 貪狼星

父母宮有貪狼星居平陷時，與父母緣份低、冷淡，小時便過繼給人，或重拜他人為父母。或是入贅妻家，改姓。父母宮有廉貪，很早就有刑剋，你會孤單一人，與父母無緣。父母宮為紫貪時，不加煞星者，父母雙全。有羊、火、鈴，父母不全或感情不佳。

## 巨門星

父母宮有巨門居陷時，與父母不和，會有傷剋，會過繼給人，拜別人為父母。你與父母關係淡薄。父母是重視物質生活，或管你較嚴之人。

父母宮有陽巨同宮，小時候，父母與你相合，長大後口角多，較不和。

父母宮有機巨同宮，會重拜他人為父母。父母宮有同巨同宮，要離開家庭就沒有刑剋。再加羊、陀、火、鈴、空、劫在父母宮時，父母不全在，有一人早亡。

## 天相星

父母宮有天相居廟旺時，與父母感情深，沒有刑剋。父母是品德高尚之人。父母宮有紫相時，與父母感情深厚。父母宮為廉相時，稍有刑剋，有一點不合，再有羊、火、鈴、空、劫，會自小便刑剋，父母不全。

### 天梁星

父母宮有天梁居陷，再加陀、火、鈴時，是刑剋父母，孤獨、離開家庭，會入贅、過繼、改姓名的人。小時候寄養別人家會免除刑剋。父母宮有同梁同宮，再有陀、火、鈴、空、劫同宮時，有刑剋，與父母不合，或父母不全。沒有煞星，則無刑剋。父母宮有機梁同宮，沒有刑剋。父母宮為陽梁同宮，較遲才會刑剋。加羊、陀、火、鈴、空、劫，亦不和，刑剋早。

### 七殺星

父母宮有七殺星，是幼年即與父母不和，會離開家庭，與家人分開，孤獨的人。父母宮有武殺，亦有刑剋，和父母不和。父母宮有廉殺，小時與父母不和。父母宮為紫殺同宮，再加吉星（昌、曲、左、右），就不會和父母不和了。有陀、火、鈴、空、劫時，父母不全，有一人早亡。

### 破軍星

父母宮有破軍星，從小便和父母刑剋不合。過繼給人、改名或寄養在別人家可免刑剋。父母宮有武破時，小時便與父母不合，有刑剋，父母是較貧窮、離異的人。父母宮是廉破，自小便與父母不合，父母是性情凶暴，程度低，把家庭弄破碎不全的人，父母會離異。父母宮為紫破同宮，與父母不刑剋，還合得來。父母也是婚姻問題多，家庭破碎不全的人。

**※父母宮為破軍、文昌或文曲時，父母是長相氣派、有氣質或有特殊才藝、重名不重利，嘴上清高，但命窮，一生財運不順的人。**

## 文昌、文曲

父母宮有文昌入廟加吉星時，父母是溫和、有高知識水準、氣質好的人，溫和有禮、疼愛你。和你感情深厚，沒有刑剋。有羊、陀、火、鈴同宮，有刑剋，或離開家，過繼給人而改姓。

父母宮有文曲入廟獨坐時，與父母感情好，沒有刑剋。有羊、陀、火、鈴、空、劫時，父母不全在。

## 左輔、右弼

父母宮有左輔獨坐時，與父母感情還不錯，沒有刑剋。幼年你是別人帶大的人，稍長再由父母養育。父母宮有左輔和廉貞同宮時，幼年即和父母不和，由別人帶大，與父母生疏。若再有文昌同宮相生則不會有此不合的情形了。若有羊、陀、火、鈴同宮，就會離家、過繼給人、會改姓了。

父母宮有右弼獨坐，與父母還算親和。幼年為別人帶大。有吉星同宮時，有父母庇佑照顧。有羊、陀、火、鈴同宮，會離家、過繼、改姓。有劫空，父母不健在。

## 祿存星

父母宮有祿存，與父母感情好。有火、鈴、空、劫時，會破父財，而且與父母感情淡薄，也不能自立成家。

## 擎羊、陀羅

父母宮有擎羊星，自小便與父母不合，有太陽、太陰相照會時，會多次過繼、改姓。有吉星同宮，則可免刑剋，較和睦。

父母宮有陀羅星時，幼年便與父母不合，與太陰、太陽相照會時，會多次改姓，有吉星時可入贅、過繼、重拜義父母、或改姓。父母是性格愚笨的人。

## 火星、鈴星

父母宮有火星獨坐時，其人是無父母，有刑剋的，會改姓。有吉星同宮，則父母平順。

父母宮有鈴星獨坐時，其人是無父母，孤單的人。會改姓、重拜義父母，或入贅、或過繼別人家。

## 天魁、天鉞

父母宮有天魁、天鉞在宮中時，主父母是有名聲、地位之人。與吉星同宮，父母雙全。

## 斗君

子年斗君經逢父母宮，逢到吉星，則父母平安順利，無災害、受傷的情形，生活安逸，進出門戶有喜事。有凶星，則父母有不吉之事。

# 如何選取喜用神

**(上冊)選取喜用神的方法與步驟**
**(中冊)日元甲、乙、丙、丁選取喜用神的重點與舉例說明**
**(下冊)日元戊、己、庚、辛、壬、癸選取喜用神的重點與舉例說明**

每一個人不管命好、命壞，都會有一個用神和忌神。
喜用神是人生活在地球上磁場的方位。
喜用神也是所有命理知識的基礎。
及早成功、生活舒適的人，都是生活在喜用神方位的人。
運蹇不順、夭折的人，都是進入忌神死門方位的人。
門向、桌向、床向、財方、吉方、忌方，全來自於喜用神的方位。
用神和忌神是相對的兩極。
一個趨吉，一個是敗地、死門。
兩者都是人類生命中最重要的部份。
你算過無數的命，但是不知道喜用神，還是枉然。
法雲居士特別用簡易明瞭的方式教你選取喜用神的方法，
並且幫助你找出自己大運的方向。

# 用顏色改變運氣

法雲居士⊙著

顏色中含有運氣，運氣中也帶有顏色！
中國有自己一套富有哲理系統的用色方法和色彩學。
更可以利用顏色來改變磁場的能量，使之變化
來達成改變運氣的方法。
這套方法就是五行之色的運用法。

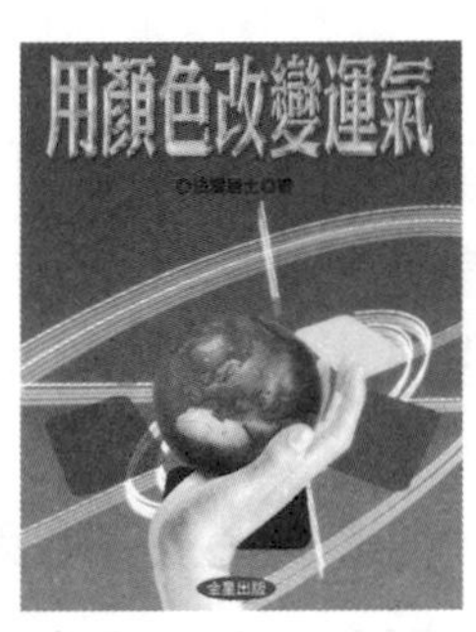


現今我們對這一套學問感到高深莫測，
但實則已存在我們人類四周有數千年
歷史了。

法雲居士以歷來論命的經驗和實例，
為你介紹用顏色改變運氣的方法和效力，
讓你輕輕鬆鬆的為自己增加運氣和改運。

# 如何尋找磁場相合的人

法雲居士⊙著

每個人一出世，便擁有了自己的磁場。
好的磁場就是孕育成功人士、領導人、有
能力的人能造福人群的人的孕育搖籃。同
時也是享福、享富貴的天然樂園。壞的磁
場就是多遇傷災、破耗、人生困境、貧
窮、死亡以及災難無法躲過的磁場環境。
人為什麼有災難、不順利、貧窮、或遭遇
惡徒侵害不能善終的死亡？
這完全都是磁場的問題。

法雲居士用紫微命理的方式，讓你認清自
己周圍的磁場環境，也幫你找到能協助
你、輔助你脫離困境、及通往成功之路的
磁場相合的人。
讓你建立一個能享受福財與安樂的快樂天堂。

命理生活新智慧・叢書46

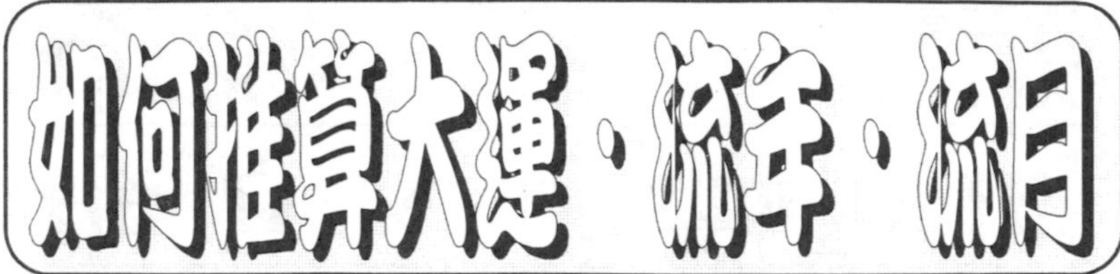


# (上、下二冊)

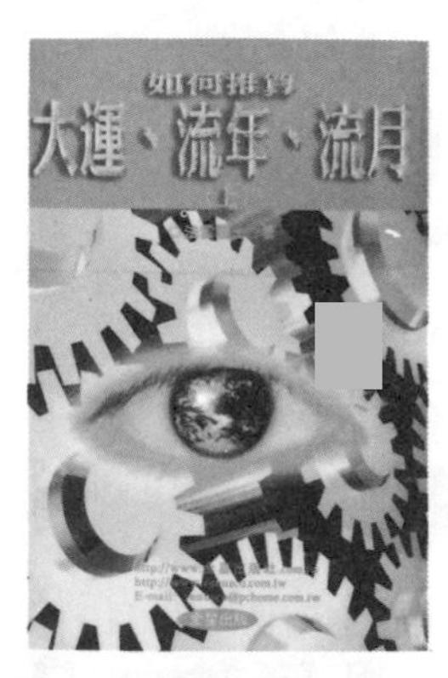

全世界的人在年暮歲末的時候，都有一個願望。都希望有一個水晶球，好看到未來一年中跟自己有關的運氣。是好運？還是壞運？

中國人也有自己的水晶球，那就是紫微命理精算時間的法寶。在紫微命理中不但可看到你未來一年的命運，更可以精確的看到你這一生中每一個時間，年、月、日、時的運氣過程。非常奇妙。

『如何推算大運・流年・流月』這本書，是法雲居士利用紫微科學命理教你自己學會推算大運、流年、流月，並且包括流日、流時等每一個時間點的細節，讓你擁有自己的水晶球，來洞悉、觀看自己的未來。從精準的預測，繼而掌握每一個時間關鍵點。

這本『如何推算大運・流年・流月』下冊書中，法雲居士利用紫微科學命理教你自己來推算大運、流年、流月，並且將精準度推向流時、流分，讓你把握每一個時間點的小細節，來掌握成功的命運。

古時候的人把每一個時辰分為上四刻與下四刻，現今科學進步，時間更形精密，法雲居士教你用新的科學命理方法，把握每一分每一秒。

在每一個時間關鍵點上，你都會看到你自己的運氣在展現成功脈動的生命。

法雲居士⊙著

金星出版

# 如何觀命・解命
# 如何審命・改命
# 如何轉命・立命

**法雲居士⊙著**

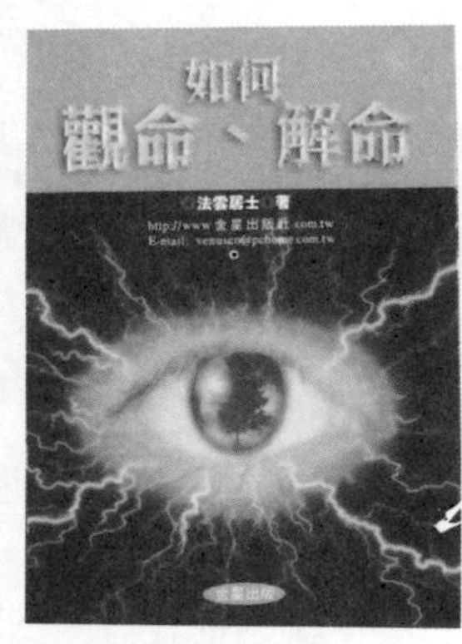

古時候的人用『批命』，是決斷、批判一個人一生的成就、功過和悔吝。
現代人用『觀命』、『解命』，是要從一個人的命理格局中找出可發揮的潛能，來幫助他走更長遠的路及更順利的路。
從觀命到解命的過程中需要運用很多的人生智慧，但是我們可以用不斷的學習，就能豁然開朗的瞭解命運。

一般人從觀命開始，把命看懂了之後，就想改命了。
命要怎麼改？很多人看法不一。
改命最重要的，便是要知道命格中受刑傷的是那個部份的命運？
再針對刑剋的問題來改。
觀命、解命是人生瞭解命運的第一步。
知命、改命、達命，才是人生最至妙的結果。

這是三冊一套的書，由觀命、審命，繼而立命。由解命、改命，繼而轉運，這其間的過程像連環鎖鍊一般，是缺一個環節而不能連貫的。
常常我們對人生懷疑，常想：要是那一年我所做的決定不是那樣，人生是否會改觀了呢？
你為什麼不會做那樣的決定呢？這當然有原因囉！原因就在此書中！

# 紫微談判學

**法雲居士⊙著**

現今工商業社會中，談判、協商是議事的主流。
每一個人一輩子都會經歷無數的談判和協商。
談判是一種競爭！也是一種營謀！
更是一種雙方對手的人性基因在宇宙中相遇激盪的火花。
『紫微談判學』就是這種帶動人生好運、集管理時間、組合空間、營謀智慧、人緣、創造新企機。
屬於『天時、地利、人和』成功法則的新的計算、統計、歸納的學問。

法雲居士用紫微命理教你計算、掌握時間的精密度，繼而達到反敗為勝以及永遠站在勝利高峰的成功法則。

命理生活新智慧・叢書

# 看人過招300回

- 如何與聰明、幹練的人過招
- 如何與陰險、狡詐的人過招
- 如何與愛錢的人過招
- 如何與勤快、愛嘮叨的人過招
- 如何與懶惰、好吃、好色的人過招
- 如何與愛權的人過招

## 對你有影響的

在每一個人的命盤中都會有羊、陀、火、鈴出現，這些星曜其實會根據其本身特質來幫助或影響命格，有加分、減分的作用。羊、陀並不全都不好。

火鈴也有好有壞，端看我們怎麼運用它們的長處，和如何抵制它們的短處，就能平撫羊、陀、火、鈴的刑剋不吉。以及利用它們創造更高層次的人生。

這是一套六本書的套書，其餘是『權科祿』、『化忌、劫空』、『昌曲左右』、『殺破狼』、『府相同梁』。

這套書是法雲居士對學習紫微斗數者常忽略或弄不清星曜特質，常對自己的命格有過高的期望或過於看輕的解釋，這兩種現象都是不好的算命方式。因此，以這套書來提供大家參考與印證。

http://www.金星出版社.com.tw
http://www.venusco.com.tw
E-mail: fatevenus@yahoo.com.tw

法雲居士⊙著

金星出版

法雲居士⊙著

每一個人的命盤中都有七殺、破軍、貪狼三顆星，在每一個人的命盤格中也都有『殺、破、狼』格局，『殺、破、狼』是人生打拚奮鬥的力量，同時也是人生運氣循環起伏的一種規律性的波動。

在你命格中『殺、破、狼』格局的好壞，會決定你人生的成就，也會決定你人生的順利度。

這是一套九本書的套書，其餘是『權祿科』、『十干化忌』、『羊陀火鈴』、『天空、地劫』、『昌曲左右』、『府相同梁』、『紫廉武』、『日月機巨』等書。

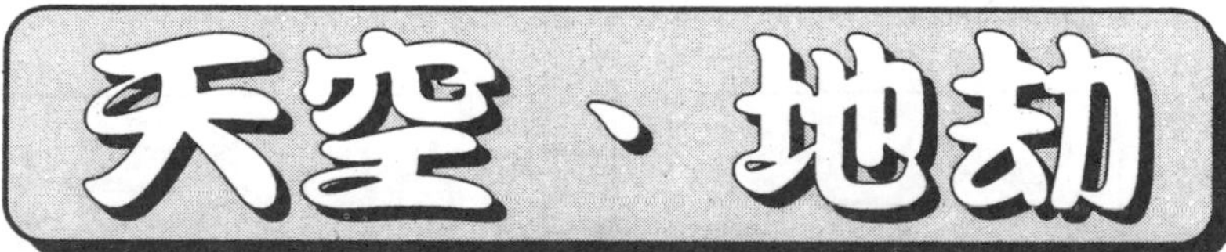


法雲居士⊙著

『天空、地劫』在每一個人的命盤中都會出現，它們主宰著在人命中或運氣中一些『空無』的、不確定的事情。

『天空、地劫』都是由人內在思想所產生的觀念所導致人行為的偏差，而讓人失去機會和運氣。也失去錢財和富貴。

『天空、地劫』若出現於『命、財、官』之中，也會規格化與刑制人命的富貴與成就。

『天空、地劫』亦是人生中有漏洞及不踏實的所在，你也可藉此觀察自己命運不濟及力不從心之處。

這是一部套書，其餘是『羊陀火鈴』、『權祿科』、『昌曲左右』、『殺破狼』、『府相同梁』、『十干化忌』、『紫廉武』、『日月機巨』。

# 權 祿 科

法雲居士⊙著

在每一個人的生命歷程中，都會有能掌握一些事情的力量，和對某些事情能圓融處理。又有某些事情是使你頭痛或阻礙你、磕絆你的痛腳。這些問題全來自於出生年份所形成的化權、化祿、化科、化忌的四化的影響。

『權、祿、科』是對人有利的，能促進人生進步、和諧、是能創造富貴的格局。『權、祿、科』的配置好壞就是能決定人生加分、減分的重要關鍵所在。

這是一套七本書的套書，其餘是『羊陀火鈴』、『化忌、劫空『昌曲左右』、『殺破狼』、『府相同梁』。

這套書是法雲居士對學習紫微斗數者常忽略或弄不清星曜特質，常對自己的命格有過高的期望或過於看輕的解釋，這兩種現象都是不好的算命方式。因此，以這套書來提供大家參考與印證。

法雲居士⊙著

『權祿科忌』是一種對人生的規格與約制，十種年干形成十種不同的、對人命的規格化，以出生年份所形成的四化，其實就已規格化了人生富貴與成就高低的格局。

『權祿科』是決定人生加分的重要關鍵，
『化忌』是決定人生減分的重要關鍵，
加分與減分相互消長，形成了人世間各個不同的人生格局。『化忌』也會是你人生命運的痛腳及力猶未逮之處。

這是一部套書，其餘是『羊陀火鈴』、『權祿科』、『天空、地劫』、『昌曲左右』、『殺破狼』、『府相同梁』。

這套書是法雲居士對學習紫微斗數者常忽略或弄不清星曜特質，常對自己的命格有過高的期望或過於看輕的解釋，這兩種現象都是不好的算命方式。因此，以這套書來提供大家參考與印證。